HOTEL&RYOKAN
宿泊施設の『品質』

〜格付け及び品質認証のトレンドと意義〜

序章

　ナショナルチェーンのホテルが多い国において、ホテル格付けや品質認証（以下「ホテル格付け等」という）が利用できる場合には、当該スターの数が、ホテル選択の手がかりとなることを強く期待することができます。宿泊施設に対して、ホテル側に十分なホテルに関する情報があっても、それが顧客側に適切に伝わっておらず、両者の間で情報量に大きな隔たりが見られる場合には、顧客側の情報不足に起因するホテル選択上のリスクが客室料金に加味される結果、市場における適正料金の形成を困難にする可能性があります。ホテル格付け等制度が、顧客に対しホテルに関する正確な事前情報の提供機能を担うことができれば健全な市場発展に大きな意義があるのです。

　世界の多くの国で、格付け情報の有用性等様々な議論を経て、格付けあるいは品質認証制度が見られますが、日本ではそれらと同レベルのホテルや旅館に関する評価制度が見られませんでした。世界人口の増加を背景に国際観光市場は益々の発展が期待できます。特に日本は、世界の国際観光市場を牽引するアジアを背後商圏としています。そのような環境にあって、高速インターネットを擁し、高度なネットワークを携える個人市場を中心とした新たな観光市場を迎えた今こそ、様々な格付け実践や調査結果を吸収しつつ、新市場に究極的に合致するような格付け等基準や制度を確立する好機と言えます。

　以前弊社で、ホテル格付け等の情報提供のニーズとその効果を調査したことがあります。客観性及び正確性の高いホテル格付け等情

報が利用できる場合に、どれほど集客効果が期待できるかを調査したものです。ホテル格付けカテゴリーを以下のように定義し、格付け情報が利用できる場合、各スターカテゴリー別ホテルをそれぞれ使用してみたいと感じるかを調査してみました（全国の男女200名に対するインターネットアンケート調査、2016年12月実施）。

　1スタークラスのホテルから5スタークラスのホテルに関する定義は、以下を前提としています。1スター：リミテッドサービスあるいはエコノミークラスと言われるカテゴリーに相当し、おおむね清潔感、居住性を確保しており、安心して宿泊ができる施設。2スター：ミッドスケールホテルと言われるカテゴリーに相当し、宿泊機能においては高いレベルの清潔感、機能性、安全性、おおむね快適な空間を提供し、アットホームなサービスが提供されている宿泊施設。3スター：アップスケールホテルと言われるカテゴリーに相当し、幅広いサービスや機能を提供し、おおむね細部に至るまで、高いレベルで快適性、丁寧なサービスが提供されている宿泊施設。4スター：アッパーアップスケールホテルと言われるカテゴリーに相当し、おおむねハードウエア、ソフトウエアが調和しており、ステイタス性も感じられ、また、高いレベルで機能性、快適性が確保され、顧客視点に基づくサービスが提供され、パーソナル・サービスが期待できる宿泊施設。5スター：ラグジュアリーホテルと言われるカテゴリーに相当し、意匠性や審美性に優れ、顧客視点に基づく共感性を伴う積極的接遇が実践されており、ハイレベルな「おもてなし」が用意され、且つ顧客のシーンメイク力に優れるトップクラスの宿泊施設。

　1スタークラスのホテルでは「（宿泊してみたいと）強くそう思う」と「（宿泊してみたいと）そう思う」の合計で56.5％（「（同）

あまり思わない」、「(同)思わない」の合計が10%)、2スタークラスのホテルでは同57%(同12%)、3スタークラスのホテルでは同55%(同12%)、4スタークラスのホテルでは同53.5%(同17.5%)、5スタークラスのホテルでは、同52%(同19.5%)と全てのホテルクラスで、スター格付けされたホテルに滞在してみたいとの回答が得られました。つまりホテルのサービスレベルを的確に把握できるようなホテル格付け等情報は、ホテルの顧客集客力及びそのブランディングに大きく貢献する可能性を秘めており、その精度が高ければ高いほど、また情報が豊富であればあるほど、事前の期待で宿泊滞在先や料金を決定する顧客にとって有用な情報源となるのです。

　第一章では、ホテル・旅館格付け等の意義を改めて見てみます。第二章では、海外からの訪日観光客が大幅に増加している昨今、世界で見られるホテル格付け制度を俯瞰することで、格付け制度の特性や、今後我が国でホテル格付け等基準を用意する場合に必要な要件等を考えてみたいと思います。第三章では、昨今の宿泊市場が個人顧客中心である中、ホテルや旅館の格付け等をするための基礎理論を整理します。第四章では、ホテル及び旅館それぞれについて、あるべき基準の概要を検討してみたいと思います。第五章では、ホテル格付け等制度を支えるミステリーショッパー(覆面調査員)に触れたいと思います。

　私はこれまでホテル及び旅館専門の不動産鑑定評価会社にて、鑑定評価業務を通じて客観的且つ中立的な立場で宿泊市場を見つめてきました。私が見てきた宿泊市場は、「顧客に寄り添おうとするおもてなし」にあふれていました。私はこの市場が今後益々発展するものと確信しています。宿泊市場における顧客ニーズは、時代の変

化とともに常に変化の途上にあります。これまで長らく格付け基準や品質認証基準の研究を行ってきた結果を本書で整理しつつ、現在の顧客ニーズや宿泊市場に合致した格付け等基準や制度の確立、今後日本の観光立国化に少しでも貢献できれば幸いです。

目　次

(第一章　ホテル・旅館格付け等の意義)・・・・・・・・・・・9

(第二章　世界のホテル格付けトレンド)・・・・・・・・・・19

(第三章　ホテル・旅館格付け等のための基礎理論)・・・・・・87

(第四章　今後求められるホテル・旅館格付け等基準概要)・・・・・・・・97

(第五章　格付け等を支えるミステリーショッパー)・・・・・・・・・・113

第一章
ホテル・旅館格付け等の意義

第一章　ホテル・旅館格付け等の意義

　ホテルは、ハードウエアだけではありません。顧客が輝くような質感を有するハードウエアがあり、さらに個々の顧客がそれぞれふさわしい振る舞いができるよう十分に配慮されたサービスの提供があって初めて、顧客にとって特別な体験となるのです。安心感に清潔感や快適性を十分に備えることで、顧客がストレス・フリーな状態となり、そこに積極的且つ共感性の高いサービスがあってこそ、顧客認知、パーソナル・サービスに繋がり、個々の顧客にとっての「シーンメイク」を演出できるのです。このようにホテルとは、サービスとヒューマンウエアによる顧客接遇がハードウエアと一体となることで、顧客の感情を揺さぶることができるのです。そのような「シーンメイクの舞台」あるいは「感情振幅装置」であるホテルを的確に捉える為には、ハードウエアに関する調査だけでは不十分であり、そこに魂を吹き込んでいるサービスやヒューマンウエアに関する十分な調査も必要となります。一方で、サービスやヒューマンウエアの調査には、調査時においてどのスタッフによる接遇であったか、どのようなタイミングや体験の文脈があったのかという一回性の問題や、調査員の調査時における感情がどのような状態であったのか等、主観性の介在という問題を伴うことになります。したがって、中立且つ客観的で正確な調査を行うためには、ホテルに関して十分な知識を持った調査員による細部に渡る丁寧な調査が欠かせないということになります。

　今なぜホテル・旅館の格付け等情報が必要なのでしょう。我が国のホテル・旅館マーケットは、ナショナルチェーンの宿泊施設が多く、宿泊施設側が提供する機能やサービスメニュー等に関する情報については、事前にある程度取得できますが、ハードウエアの快適性やスタッフの顧客接遇力を含めたサービスレベルの高さに関する

事前情報は限られています。つまり、ホテルが提供するサービスに対して、買い手側が「情報劣位者」となり、売り手と買い手が保有する情報に「非対称性」が認められることになります。その結果、買い手側の情報不足というリスクが料金に加味されることにより、宿泊市場の適正価格形成を困難にします。このような市場である宿泊施設に関して、正確且つ十分な事前情報を提供しうる情報インフラを全国レベルで整備することは、ホテルや旅館が継続企業として健全に成長発展するために有益であり、日本が今後、観光大国を目指す上で緊急の課題と言えるのです。

　ホテルや旅館は単に宿泊機能を提供しているだけではありません。旬な食材、地域特産物を活かした料理や食材提供者が「見える化」された「料理を通じたおもてなし」、あるいは顧客が求める観光情報の提供等を通じて、地域のゲートウェイとしてその地域と来訪者を結びつけるネットワークのハブ機能を提供しています。全国の多くのホテルや旅館へ宿泊を誘うために、世界に向けて発信される情報、例えば、地域の事前情報配信（PR）、到着する顧客に対してのアクセス方法や手段、顧客の宿泊に必要なサポートや機能の有無、滞在中に求められる地域の観光情報、さらには、万一の災害時における安全基地としての機能等の情報発信が、安心して旅行を楽しむため重要な情報源となるはずです。顧客視点の有無や顧客配慮のレベルに基づく格付け情報だけではなく、前記のような様々な付帯情報も提供することができれば、それら情報の有用性を大きく高めることができます。

　格付け等基準以外で有用と思われる情報を参考までに列挙しますと、以下の通りとなります。駅利便性等の交通利便性、眺望の良さ、施設や土地の文化性、周辺で楽しめるアクティビティ施設・観光施

設・地域の魅力、ハラル対応等海外対応の徹底、ボールルーム・ファンクションルームその他宴会施設、特筆すべき館内料飲施設（バーを含む）、特筆すべき館内アクティビティ施設や庭園等ランドスケープ、子供対応や長期滞在向け設備等、施設側が特に力を入れているサービスや対応施設の特徴等。

　多くの観光先進国では、ホテル格付け等制度以外でも、自主的にプロの調査員によるホテルインスペクションを導入しているケースが多く見られます。ホテルミステリーショッパーは、自身が調査したホテル運営を事後的にも的確にサポートしています。これは単に良いサービスができているかをチェックしているわけではありません。各ホテルがコミットしているブランドコンセプトを現場レベルで遵守できているかをチェックすることにも寄与します。また問題点が見られる場合には、その原因究明のサポートをも包含しているのです。現在の宿泊市場では、事後評価が口コミ等を通じて事前の期待に瞬時に取り込まれますので、ブランディングの強化だけではなく、サービスレベルの向上を通じた生産性の向上が求められるのです。今後、日本で求められている格付け等情報とは、適正料金の形成や顧客にとって必要となる情報インフラに留まらず、個々のホテルや旅館が有するブランドコンセプトと現場サービスとのギャップ、その他問題点があればその原因仮説を含めて的確にホテルや旅館へフィードバックし、中長期的なサービスの改善や向上に役立つものであるべきと言えます。

　さらに、派生情報として各マーケットにおけるスターカテゴリー別客室数や、スターカテゴリー別の平均ADRを情報発信することができれば、ホテルのキャピタルマーケット向けにも有用な情報源となり、長期的に持続可能で健全な業界発展を大きく支えることに

も繋がるはずです。

　弊社で以前、インターネットアンケート調査により、国内ホテル・旅館格付け等情報ニーズを調査したことがあります（全国男女200名、2012年調査、「是非参考にしたい」から「いらない」の5段階評価）。仮にホテル・旅館格付け等情報があれば「是非とも参考にしたい」が全体の20%、「たまに参考にしたい」が38%という結果でした。また女性と男性では回答が異なり、女性では「是非とも参考にしたい」が全体の19%、「たまに参考にしたい」が45%と男性以上に慎重に事前情報を求めている様子が窺えました。ホテルカテゴリー別での格付け情報ニーズでは、リゾートホテルについて「格付け情報を重視する」との回答が66.3%あり、旅館では同68.1%と、ビジネスホテル同30.7%、シティホテル同38.6%を上回ります。どのような情報が求められているのかについては、「客室の快適性」、「費用対効果」、「清掃力・維持管理力・清潔感」、「スタッフのサービス力等、人的要素」、「客室の機能性」、「ホテル提供サービスの質と量」が全体の80%以上に支持されており高く、「滞在時の安心感」、「滞在時の安全性」、「環境・景観」が70%以上、「飲食店の料理内容」、「飲食店の雰囲気」、「アクセス性」、「全体の建物印象」が60%以上という結果でした。ホテル・旅館では、滞在時間という「時間軸」と実際の体験という「空間軸」を通してサービスが提供されています。期待が高い程、実際にその期待通りのサービス提供を受けることで、次のサービスの期待の高さに影響を与えます。弊社の別調査では、特に事前の期待が高いのが、「ロビーからチェックイン」、「客室」、「朝食」でした。これらのシーンでは高い顧客期待に見合うよう、細部までサービスコーディネートをしておく必要があり、必然的に調査時におけるチェック項目も手厚いものとなり

ます。

　昨今インバウンド増を背景に、施設のバリアフリー、英語対応を含めたユニバーサルデザイン対応の確認が欠かせません。エレベーターでは日本語の他、英語での階数アナウンスがあるか否か、またエレベーター籠内は傷みや汚れが見られないことはもちろん、セキュリティカメラ、手摺や鏡が設置されているかも重要なチェック項目となります。顧客がストレスを感じる最大のポイントは、チェックイン、チェックアウト時における待ち時間やエレベーター及び朝食の待ち時間です。それらストレスポイントにおいては、適切な施設構成を有しており、また徹底したサービス対応が用意されているかの調査も欠かすことができません。このように、顧客視点に立って、ホテルや旅館を調査することで、適切なチェックができる他、マーケットとのギャップあるいは課題点の整理も可能となるのです。

　以上のように、ホテル格付け等情報の意義は、宿泊施設に対する情報のフィードバック機能と、宿泊市場に対するPR効果の大きく二つにまとめることができます。さらに宿泊施設の格付けに関連して、地域別のパフォーマンスデータ及びスターカテゴリー別客室ストック数まで提供することができれば、宿泊施設に関連するキャピタルマーケットへの情報提供も可能になります。その結果、投資用不動産としてはこれまで不透明だった宿泊産業に対し、適切な情報を提供し、最有効使用のホテル開発を助長する他、優良な宿泊施設で融資や投資等が必要な場合に、リスクマネーの流入を可能にする等、中長期的な業界発展にも寄与することに繋がるのです。

　ここで、格付け制度と品質認証制度、それぞれの目的及びメリットを整理しますと、以下の通りとなります。

ホテル・旅館格付け等制度

格付けは、完全に顧客視点や顧客配慮のレベルを主軸として基準を構成するため、1スターから5スターまで、ランキング付けが可能。

主たる目的：
顧客に対する正確な情報提供

メリット：

①宿泊施設に関して、買い手側が「情報劣位者」⇒売り手と買い手が保有する情報に「非対称性」⇒「市場の失敗」（適正価格が形成されづらい）をケアする制度となる。

②ナショナルチェーンが多い我が国では個別施設のブランディングに貢献。

③顧客視点から基準構成していることから、収益性の向上に貢献。競合ホテルと比較し、どのような状況にあるのか、ベンチマーク情報の提供も可能。

④調査内容として、ソフト、ヒューマンを50％確保することで、持続的に競争力の向上を図ることが可能。

⑤個別ブランドスタンダードの遵守チェック（個別のブランディングをサポート）が可能。

⑥ホテルグレード情報を発信することで、今後のMICE増に対応可能。

⑦シーン別評価、要素別評価を別途開示することができれば、正確な事前期待を形成することから客室料金の向上に貢献。

問題点：

結論から申し上げますと、現在の個人消費時代において、「勝手格付け」は、慎重になるべき環境にあると言えます。その理由は以下

のような昨今の外部環境にあります。

➤ 個人消費時代、「クラシック型ホテル」や「ライフスタイル型ホテル」等様々なニーズがあり、それら複雑なニーズを全て取り込んだ「格付け」は非常に困難である。

➤ カテゴリー別に定義付けし、トップダウン型で基準を用意することで提供情報自体が市場に混乱をきたす可能性があるのではないか。

➤ インターネット上様々な情報を顧客は既に利用しており、また重視している昨今、「格付け」自体の意義が、低下している可能性がある。

➤ 「勝手」格付けであると、参加を不要とする施設に関する情報まで、開示することとなる。

➤ 「勝手」格付けであると、調査では覆面調査が中心となり、施設側の協力が限定的であり、例えば厨房内部確認等が困難且つ、遵法性確保等、宿泊施設の基本的機能である安全安心の確認が困難である。

品質認証制度

品質認定制度は、顧客視点を中心にしつつ「環境配慮」等、様々な要素を考慮し定義に沿って分類された情報。

主たる目的：

品質の確保や向上

メリット：

①地域性を取り込んだ安心でいる施設を日本版DMO情報と一体となって情報発信することで、地域ブランディングに貢献（また、地域と一体とした取り組みを行う宿泊施設を情報発信することでサス

テナビリティに関する取り組みを行う宿泊施設として認定が可能)。
②全国宿泊施設の品質向上に貢献。
③顧客視点の有無や顧客配慮のレベルを徹底チェックするわけではないため、基準数はそれ程多くなく、実施が比較的容易であり、覆面調査だけではなく、施設による自己採点やインタビュー等を併用することが望ましく、その結果、覆面調査では判別不可能な違法性の確認等、より詳細な安全性のチェックが可能。

　安全性の担保、安心感のレベルに関する情報については、清潔感を含めた正確な情報が、特にOTA中心市場においては、十分に提供できていないものと言えます。また、自己申請に基づく「受託型」品質認証であれば、参加意欲のある施設に対する調査が可能となり、相互協力のもと、徹底した安全性、安心感のチェックが可能となります。つまり、今の外部環境で求められている情報インフラについては、「受託型」「品質認証制度」が最も適切であるものと考えられるのです。

第二章
世界のホテル格付けトレンド

第二章　世界のホテル格付けトレンド

　ホテル格付け等に関する議論については、そもそも格付け等が必要かという必要性に関する議論から、地域や国を跨ぐ統一基準が必要かという適用範囲の議論へ広がりを見せています。必要性に関する議論については、世界には多くのチェーンホテルが存在しますので、格付けを行わなくとも顧客には十分な情報が提供されているとして、格付け等制度を廃止する国もありました。しかし、昨今では顧客のホテル選択時における情報として有用であること、またホテル経営者にとっても、運営改善の指針となりうる点や対顧客への信頼性アピールに繋がること、さらには行政側にとっても、クラス別ホテル管理データとして有用であり、付加価値税制等とも連携させ得る等、様々な機能を持ち得ることから、ホテルの格付け等制度自体は、基本的には必要との認識が大勢を占めています。またボーダレス化が進む観光市場において、格付け等評価結果の表象や定義、評価の手法等に様々なものがあることで、情報利用者に混乱を招く可能性があることから、国や地方を跨ぐ統一基準の必要性が指摘されています。ただし、それに対しては、運用上の実現可能性という観点から疑問を呈する見解や、それぞれの国や地域に関する個別情報が排除される結果、逆に格付け等情報の有用性を低下させることになり、質の低い情報に、利用者その他関係者が振り回されてしまうのではないかという慎重な意見も見られます。

　観光先進国であるヨーロッパにおけるホテル格付け等の動向について歴史を追って見てみますと、1952 年に International Union of Official Travel（現 World Tourism Organization、以下 WTO）が、ホテルの格付け等（Hotel classification）に関する議題を取り上げました。その後 1985 年に WTO としてホテル格付け等に関する研究プログラムを開始し、それと並行して Hotels,

Restaurants & Cafés in the European Community（以下 HOTREC）が顧客ニーズに合致するホテル情報とはどのようなものかについて、調査研究を始めました。その結果1988年にはヨーロッパの当組織加盟国における統一的格付け基準が必要との結論を出し、現在多くのヨーロッパ諸国を巻き込みつつ統一基準の確立を目指しています。

　1976年にはアセアン加盟10ヶ国によるホテル格付け基準（スター制1スターから5スター）の開発や、西アフリカの15ヶ国（The Economic Community of West African States）によるホテル格付け等、ヨーロッパに限らず、アフリカ、アジアの多くの国や様々なプライベートセクターからも格付け基準の調査、研究及び基準化が進められています。このように1980年までで約60ヶ国、1995年には世界で100を超える格付け基準が開発され運用されているのです。

　さらに、2004年にはWTOとInternational Hotel & Restaurant Associationにより、世界108ヶ国、WTO、IH&RSに加盟している国及び団体に対して、世界のホテル格付け等に関する実践状況に関する詳細な調査が行われました（以下、「WTO調査」という）。それによりますと、108ヶ国のうち83ヶ国でホテルの格付けが実践されており、ホテル格付け機関については70ヶ国で政府や行政機関が関与し、26ヶ国でプライベートセクターも関係しているという結果でした。また、ホテル格付けの適用対象については、46ヶ国で国内すべてのホテルに対して強制適用としており、32ヶ国で自由参加、55ヶ国で許認可等運営上の他の制度と関連付けがなされているという結果でした。

　WTO調査結果を見ますと、政府や行政機関が中心となって格付

けを制度化しており、等級ではスター制を採用するケースが多いようです。またホテル格付け等基準の中身については、建物設備等に関連する客観的基準をベースにしつつ、サービスクオリティーに対しては主観的評価をも取り入れ考慮する傾向にあるようです。

このように多くの国や地方で、顧客への有用な情報提供という目的を掲げ、ホテルの格付け等が行われているのですが、顧客ニーズに関する調査や研究は不十分という側面もあるようです。プライベートセクターが中心となりホテル格付け等を行っている諸国では、顧客ニーズに敏感且つ柔軟な対応を見せており、情報として必要となれば、例えばタイムシェア施設も適用対象とし、新たな評価カテゴリーを設ける等、適用範囲を広げるケースも見られますが、政府や行政機関が関与する格付け等では、一度開発され運用された格付け等基準は容易には改定されず、長年に渡り使用され続ける傾向が見られます。

評価項目では多くの場合、建物や設備、規模等の明確に数値化が可能な客観的評価と、主観的評価項目から構成されるソフト面に関するサービスクオリティー評価に分かれます。サービスクオリティー評価では、運営力とヒューマンウエアがまとめられ、スタッフの印象はソフト評価に取り込まれています。重視されるホテル格付け等の機能については、ホテル利用顧客の安全を保証するものという性格から、様々な目的をもった顧客に対して、透明性の高い信頼性のある情報提供を行うものにシフトしています。その結果、サービス面での評価ではパーソナル・サービスが重視される傾向にあり、ヒューマンウエアに関連する評価項目が増えつつあります。例えばフランスでは4段階評価から、昨今世界的な格付けトレンドに対応する形で1スターから5スター（最上位のパラスを含めて6等級）

に改正し、さらに施設やその規模という客観的に判断できる評価項目のみではなく、サービスに対する評価も取り入れる制度へと進化させました。その背後で、ソフトウエアに対する評価は調査員の主観性が強く影響する可能性があることから、十分にトレーニングを積んだ調査員を採用し、制度運用するケースが多く見られます。

また食中毒やSARS等での経験を踏まえて、安全性について重視するという姿勢は崩しておらず、安全確保についてはむしろ政府による基準化が望ましいとの報告もあります。ホテルの安全性に関するベース基準と、それをクリアして初めて星を付与するレーティングに分けて考えるケースが増えているようです。このように安全性とパーソナル・サービスを兼ね備えたホテルサービスが求められているのです。

以下では、様々な国や地域でどのような格付け等制度が実施されているのかを整理、俯瞰し、その傾向や意義を改めて考えてみたいと思います。

■東南アジアのホテル格付け基準

東南アジア諸国は、潜在的に豊富な資源を有しており、多くの人口を抱え、人口ボーナス期を迎えることで、今後の経済的発展が強く期待されています。東南アジア諸国間では、依然として経済格差も認められますが、カンボジア、タイ、ベトナム、ミャンマー、ラオスといったメコン川の流域諸国は、隣接する中国の雲南省、広西チワン族自治区の2省を加え「大メコン圏（GMS:Great Mekong Subregion、以下「GMS」）と総称されており、アジア開発銀行主導による経済開発協力プログラムを実施する等、地域を跨ぐ大きな

経済圏を形成しつつあります。このGMSは、日本とも深い関係を有しており、官民様々な分野で交流事業が行われています。このように東南アジアは現在、多くの日本企業の進出先となっており、改めて日系ホテルが求められる経済環境へと急速に変化しているのです。

　GMSの中でも、東南アジア・フロンティアとも称されるベトナム、ラオス、カンボジアはアジア開発銀行をスポンサーとし、世界各国の観光先進国のホテル格付け等の他、タイやフィリピン等のホテル格付けも参考にして、観光産業の育成も視野に入れたホテル格付け基準（「Great Mekong Subregion Hotel Classification Standard（以下GMS格付け）」）を共同で開発しています。

　GMS格付け評価は、任意適用であり、項目別に必要要件を定めた5段階評価(スター・レーティングに基づく1スターから5スターを認定）を採用しています。調査員による評価の結果、スター別に求められる合計得点があり、それら必要合計得点の85％以上が求められます。評価項目は立地性、全体建物、客室、料飲施設、バック施設、サービスメニュー、スタッフの振る舞い別に細かく定められています。

(1)立地性及び全体施設について

　立地性については、それぞれの「スター」にとって望ましい立地であること、駐車場については、3スターは客室数の20％以上の駐車スペースを確保すること、4スターは25％以上、5スターは30％以上が求められます。また5スターでは送迎バス等交通利便性への配慮も必要です。ロビーについては、4スター以上で分離された喫煙エリアが求められます。セーフティボックスについて

は、3スター以上は客室数の70％以上の確保が、また5スターでは100％の確保が求められます。エグゼクティブフロアやスイートルームについては、5スターであれば全客室数の5％（100室以上であれば5室以上）相当、複数タイプのスイートルームの設置が求められています。またスイートルームは50㎡以上とし、DVD等の設置が求められ、併せてエグゼクティブフロアではチェックイン・アウト機能を有する36㎡以上のラウンジの設置が求められています。

(2)客室まわりについて

　客室サイズについては、1スターが9㎡以上、2スターはシングル12㎡以上、ダブル、ツインで14㎡以上、3スターはシングル14㎡以上、ダブル、ツインで18㎡以上、4スターはシングル18㎡以上、ダブル、ツインで24㎡以上、5スターはシングル24㎡以上、ダブル、ツインで30㎡以上が求められ、全ての「スター」に共通して、2.4m以上の客室天井高が求められています。さらに4スター以上では姿見の設置の他、20インチ以上のテレビ、ベッドサイズは、4スター以上でシングル1.2m×2.0m、ダブル1.6m×2.0m以上が求められます。バスルームサイズは、4スター以上で5㎡以上を確保する他、非常用電話機の設置が必要です。5スターでは、貸出品に世界各国のデバイスに対応できるプラグアダプターやバスルーム内に拡大鏡、体重計の設置、最低1室以上の身障者用客室が求められます。

(3)その他付帯施設について

　厨房については、2.4m以上の天井高が求められ、その他衛生面

に関する多くの規定を設けています。また4スター以上で30㎡以上のフィットネスセンター、6タイプ以上のフィットネスマシン、5スターでは50㎡以上で8タイプ以上のマシン設置が求められます。その他4スター以上でサウナ、マッサージルーム、ジャグジー、スイミングプール（子供用には独立した水深0.6m以下のプール）、会議室（200㎡以上）、ビジネスセンター（20㎡以上、5スターでは30㎡以上）の設置が求められています。

(4) スタッフの接客対応について

スタッフは3スター以上で名札の着用の他、全ての「スター」で英語対応が求められます。さらに4スター以上でターゲット国の個別外国語対応が求められます。その他3スター以上で5分以内でのチェックイン、客室では設備の説明、10分以内でのチェックアウト（5スターでは5分以内）、4スター以上でフロントカウンターでの30秒以内での挨拶の他、チェックアウト日時の確認、客室サービスではベッド・ターンオーバー（18時～21時までの間）、レストランでは4スター以上で30秒以内での挨拶の他、レディーファーストの接客、全ての料理の説明力（5スターではアルコールについても同様の説明力）、オーダーの復唱、24時間のルームサービスの提供が必要となります。5スターでは電話は3コール以内での対応が求められ、その他ドアマン、ポーターの設置、客室へのアテンドを要件としています。

(5) その他施設について

サービスサポート施設としては、スタッフ用に十分な数のロッカーの確保やシャワールーム（3スター以上）、食堂（4スター以

上)、リラックスルーム（5スター以上）、研修室やライブラリー（5スター以上）が求められます。2スター以上で環境配慮が、3スター以上で節電設備の設置、4スター以上で緊急時2時間以上の稼働力を有する自家発電設備が求められます。その他4スター以上で2種類以上の福利厚生メニューが、5スターで3種類以上の福利厚生メニューの提供が求められています。

このように厨房施設の良さや管理運営、バックヤードの使いやすさからスタッフの人事制度に至るまで、踏み込んだ評価がなされており、長期安定して適切なホテルサービスが提供できるホテルを見極めて評価することで、高い居住性と安全性を有し、顧客が安心して快適に利用できるホテル業界を形作ろうとしているのです。

■タイのホテル格付け基準

タイの観光産業育成に対する取り組みは古く、1960年タイ国政府観光庁（TAT）の設立に遡ります。それ以降、持続可能な観光産業の育成を図る「サステナブル・ツーリズム」に力を入れ、医療観光先進国としても確固たるブランドを確立し、現在では海外からの観光客数が2,000万人を超える世界有数の観光立国に成長しました。この「サステナブル・ツーリズム」とは、自然環境や文化遺産を保全しつつ、観光産業を育成する取り組みであり、「グリーン・ツーリズム」として総称される「エコ・ツーリズム」、「ネイチャー・ツーリズム」、「カルチャラル・ツーリズム」、「アグリ・ツーリズム」と「ウェルネス（癒し）」や「医療・ツーリズム」からなる「ヘルス・ツーリズム」から構成される概念です。

タイの外国人観光客数の推移を見てみますと、2003年に1,000

万人を超えた翌年2004年に、東アジアやヨーロッパからの入れ込み観光客数を大幅に増加させ、1年間で1,400万人弱まで観光市場を拡大させています。当時、周辺諸国の経済動向や所得水準の向上による背後商圏の拡大を背景に、タイの魅力的な観光資源を世界に周知させるTATによる観光プロモーション「アメージングタイランド」キャンペーンが実施されましたが、その後のタイ観光産業及びホテル業界に大きな影響を与えることになるタイのホテル格付け制度が確立されたのもこの時期です。

　ホテル格付け制度がタイのホテル業界に与えた影響については、後掲テーマにてご紹介しますが、非常に大きなものでした。当時タイでは既に世界的な大型ホテルチェーンも多く進出していましたが、国内系のホテルも多く、益々の観光産業育成には、国内系ホテルを含めたホテル業界全般の競争力向上を課題としていました。海外向けの観光プロモーション活動と同時期に、ホテル格付け制度ができたことで、国内のホテルが等しく利用できるサービスクオリティーに関するベンチマークが出現することになり、タイのホテル業界全般のサービスレベルは大きく向上することになったのです。

　1999年に前記TATを始め、各種観光団体が共同でThai Hotel Association（THA）を設立し、同国のホテル格付け基準開発がスタートすることになりました。その後2002年から2003年にかけて、国内ホテルの状況及びヨーロッパを始めとする観光先進国のホテル格付け制度に関する調査研究を行い、翌年2004年にタイのホテル格付けが開始されます。

　タイのホテル格付けは、有効期間3年間の任意適用であり、営業期間が1年を超えるホテルについて1スターから5スターの5段階評価を行います。本格付け制度はホテル業界の育成・発展を見据

えたものであり、申請の結果、仮に認定に失敗した場合であっても、その後180日の間に認定上の課題点を改善することで、改めて申請することができます。シティホテルとリゾートホテルで分けられたホテル格付け基準は、施設評価、維持管理評価、サービスクオリティー評価の大きく三つの評価軸を有しています。例えば5スターの客室基準では、フロント機能、飲食機能を有するクラブラウンジの設置を求める他、4スター以上で客室禁煙割合50％以上を求めています。その他客室面積については、バスルーム、テラス、エントランスホールを除いて22㎡以上の居室スペースを求めています。また4スター以上で、天井高は2.7m以上を確保し、テラス8㎡以上、バスルーム5.5㎡以上（5スターでは6㎡）を基準とします。客室内騒音量では、4スター、5スターとも50db以下とし、その他家具類等室内の設えに対しても詳細な規定を設けています。メインレストランについては、5スターのリゾートホテルで0.75㎡×席数以上のスペースを求め、その他ビュッフェフロア100㎡以上を必要とします。同じくシティホテルでは、1㎡×客室数以上を求める他、施設規定及びサービスメニューに関して詳細な要求定義を設けています。

　タイのホテル格付けが、タイのホテルマーケットにおけるサービスクオリティーの向上にどれほど貢献したのかについては、その後「ホテル格付け制度とサービスクオリティーの関係（"The Relationship of the hotel rating system and service quality", Yeamdao narangajavana, 2007）」として調査研究されています。この調査は、ホテル格付け制度に参加したホテルと不参加ホテル、世界的チェーンホテルと国内系ホテルそれぞれについて、国内に所在するホテル1,500件に対するアンケート調査を行

い、ホテル格付け制度がホテルマーケットに与えた影響をホテル側がどのように認識しているのか、どのような分野でサービスクオリティーの向上が見られたのか、その結果ADRや客室稼働率等のホテルパフォーマンスにどのような影響があったのかを調べたものです。

その結果、タイではホテル格付け制度が誕生したことで、知名度で劣る国内系ホテルのマーケティング活動に繋がったと同時に、全てのホテルに等しく利用できるサービス指針が確立したことで、ホテル業界全体の競争力向上に繋がったと結論付けています。サービス向上としては、特にスタッフのサービス力、施設競争力の向上に効果が認められました。そしてこのサービスクオリティーの向上は、世界的チェーンホテル、国内系ホテル、また目指すスターレベルによる程度の差はなく、申請したホテルに対して等しく効果が認められたようです。さらにホテルパフォーマンスの向上については、サービスクオリティーの向上とともに、格付けによるホテルの信頼性（Prestige）向上へと繋がり、ADRを始め、客室稼働率等宿泊部門の収益性パフォーマンスにプラス効果が見られました。

ホテルに関する別の研究（Lewis1989、Cannon2002）では、スタッフに対するサポート施設レベル、第一線で働くスタッフへの権限付与や福利厚生メニューの充実度が、ホテルの対顧客サービスクオリティーに大きな影響を与えているという報告があります。当時タイにホテル格付け制度が誕生したことで、ホテルのバックヤードやスタッフ関連施設、スタッフに対するサポートサービスに関しても詳細規定が設けられることになりました。その結果、スタッフのモチベーションが向上し、サービスクオリティーに影響を与えた可能性があります。

このように、タイでは外国人観光客数1,000万人を超えた時点で、「アメージングタイランド」キャンペーン、「サステナブル・ツーリズム」への取り組み等の観光プロモーション活動と併せてホテル格付け制度が用意され、国内ホテルに対し等しくサービスクオリティーのベンチマークが提供されました。そのホテル格付け制度を通じて、優秀なホテルに対する信頼性の付与を行い、観光プロモーション活動と同時にホテル業界を強力に後押しした結果が現在の姿に繋がっているのです。つまり格付け制度の機能は、サービス指針の提供を通じたホテル業界の育成及びホテルの信頼性付与を伴った観光プロモーションと併せた取り組みを行うことで、観光産業発展に大きな役割を担うことができるのです。

■マレーシアのホテル格付け基準

　ホテル業界から認められるようなホテル格付け基準の存在とその運用は、その国の文化的な地域性を評価項目に織り込むことで、地域性をも体現する魅力あるホテルマーケット、ひいては観光市場の発展へと繋げることができ、その国のホテルマーケットのあり方とその行く末に大きな影響を与えることになります。マレーシアの代表的なホテル格付け基準は、マレーシアホテル協会（"MAH" Malaysian Association of Hotels）により運用されており、同基準もマレーシアの文化的な地域性の影響を強く受けたものとなっています。

　昨今は世界人口の約4人に1人がムスリムの時代と言われており、その中にあって、東南アジアは約2億3,000万人のムスリムを抱える巨大ハラル市場であります。全世界のムスリム人口は現在

約16億人で、2020年には20億人に成長すると言われており、ハラル商品を受け入れる非イスラム教徒が増加していることを背景に、ムスリム対応を特徴とするハラル産業は急速な市場拡大が期待され、注目されています。マレーシアは、東南アジアの中でインドネシアに次いでイスラム教徒（ムスリム）の人口比率が高く、国民の約61.4%、約1,700万人がムスリムと言われていますので（日本政府観光局より）、ムスリムに対する適切なサービス対応（ハラル等）が求められるマーケットです。

　海外ホテルの取り組みを見ますと、「ムスリムフレンドリー」を標榜し、ムスリムが「お祈りを行う場所」を館内に確保することや、礼拝の方向を示すサイン設置等の配慮をするホテルが増えています。日本でも一部のホテルでは、すでにハラル認証を取得する等の取り組みを進めるホテルが見られるようになりましたが、今後東南アジアからの訪日者数増加が期待される中、急増するムスリム層に対する適切なサービス提供は、これまで以上に重要な取り組みとなっています。

　マレーシアのホテルに対するホテル格付け基準は、イスラム信仰に基づく生活を維持できるサービス提供、つまり「ハラルフード」や「礼拝の場所」の確保等が前提となっています。マレーシアのホテル格付けは、25名のボードメンバーより構成されている前記MAHにより運用されています。評価基準は1スターから5スターによる5段階評価を行い、ミステリーショッパー（調査員）によるインスペクションを経てスター認証を取得します。マレーシア観光庁、MAH、消防関係局、衛生関係局、その他関係機関からのミステリーショッパーが5人集結し、現地でホテル側と事前面談の上、ホテル側からの案内付きで視察、内覧へと進みます。評価対象は、

共用部、客室、厨房、宴会場及び会議室、スタッフ用施設、防犯防災設備、そしてサービスクオリティー等が含まれます。前記の通り、同国の文化性を反映していますので、例えば共用部ではお祈りを行う場所（Surau）も評価対象とし、サービスクオリティーについても「マレーシア流のおもてなし」を確認します。評価項目数では客室に、また設定評点ではサービスに比重が置かれており、施設の質感や意匠性、共用部エリア、客室、サービス、安全性及び衛生、スタッフサービス等、認定上の必要条件として設けられている基準に沿って評価が行われます。

　具体的に見てみますと、全体建物の質感、意匠性について、3スターから地域性の表現を重視しています。フロントサービスでは、3スター以上でバレットパーキング、ページングボード、外貨交換サービス、観光案内サービス、ショッピングアーケード（5スターでは美容室の設置を含む）、ビジネスセンターの設置を求めます。その他全てのスターで、フロントスタッフの流暢な英語対応を求め、5スターでは英語対応の他、もう一ヶ国の外国語対応を求めています。スタッフの接遇については、全てのスターでマレーシア流の温かいおもてなしや挨拶を求めています。客室の最低面積については、1スターで11.5㎡、2スターで15㎡、3スターで18㎡、4スターで28㎡、5スターで30㎡とし、同時に4スター以上でスイートルームの設置を求めます。客室内天井高についてはやや高く設けられており、全てのスターで2.5m以上を必要とします。さらに全てのスターで、全客室の天井部分に礼拝の方向を示すサイン（Kiblat）の設置を求め、最低1室以上の身障者用客室の配置を必要とします。喫煙者用灰皿の設置については、顧客が求めた場合には、適切に分離されたエリアや客室において、要求に応じた対応を求めます。4

スター以上では、チェックイン・アウト機能や朝食提供機能、ビジネスセンター機能を有するエグゼクティブフロアの設置を求めています。レストランでは、全てのスターで、マレーシア政府ハラル認証機関（JAKIM）に則った設備対応（ハラル用の厨房とノン・ハラル厨房に分けること等）、3スター以上で地産品を中心とするルームサービス（5スターでのルームサービスは24時間対応とする）を求める他、最低18時間利用できるレストランの設置を求めています。宴会場や会議室では、3スター以上で20名以上のスペース配置及び「お祈りを行う場所（Surau）」の設置を求めています。レクリエーション施設では、4スター以上で水深4.5ft以上のプールの設置とともに、"エネルギッシュ"な感情に移行できるような魅力ある施設造りを要求しています。スタッフに対するサポート施設については、全てのスターで男女別の更衣室やスタッフ用にお祈りを行う場所（Surau）、礼拝の方向を示すサイン（Kiblat）の設置を求めるとともに、スタッフ全員に対するサービストレーニング受講を求めています。さらに客室料金についても規定があり、4スターでは、250リンギット以上（31円／1RMとすると7,750円相当以上）、5スターで380リンギット以上（同11,780円相当以上）と定めています。

　前記のとおり、ムスリム人口は世界人口の約4分の1と言われており、その市場規模は益々大きなものとなっていることから、「ノン・ハラル（ハラム）」サービスでは取り込めない市場を「ハラル」であれば取り込むことができます。また「ハラル」対応は、例えば食材に関して、誰がどこで生産し、どのように加工したものかについて等、全ての情報を開示しないと成り立たない認証制度のため、安全で安心且つ健全な飲食サービスのガイドラインとなり得るもの

です。つまり「ハラル」対応は、製品に関する情報開示、それに基づくトレーサビリティシステムの構築にも繋がるのです。

　ただしムスリムに対する完全な対応や取り組みが必要だというわけではありません。ホテル自体での「ハラル」認証取得は、アルコールの提供等を行うホテルや旅館では非現実的です。むしろ顧客の背後文化を理解しようとする気持ち、その結果顧客にストレスがない適切なサービスを提供しようとするサービスマインドが重要であり、可能な範囲で誠意をもって取り組む姿勢が伝われば、世界の市場に対する大きな一歩となるはずです。その一歩は、世界への扉を大きく開けると同時に、ホテルの基本機能である安全性や安心感の提供を補完する取り組みであるという意味で大切な一歩なのかもしれません。

■フィリピンのホテル格付け基準

　フィリピンは、国営の「フィリピン娯楽ゲーム公社」が中心となり大型カジノ開発を進めるとともに、カジノを大きな軸とした外国人観光客の誘致活動を積極的に展開しています。観光立国化を進める中で、ハード面の開発と同時にソフト面からのインフラ整備も進められており、その一つとしてホテル格付け制度が位置づけられています。フィリピンのホテル格付け制度は、フィリピン政府観光省（The Department of Tourism/DOT）により1992年に制定され、その後2009年以降に大幅な見直しがなされ、現在のスター格付けに至っています。また昨今、ホテル販売ルートにおけるインターネットの重要性が増しており、インターネットを介したホテル予約が中心となりつつある環境に反応して、顧客のダイレクト予約時に

おけるホテル選択を容易にすることも目的の一つとして掲げ、新たな格付け制度へと改定が進められています。新たな格付け制度を介して、世界レベルのホテルサービスクオリティーへとホテル業界をさらに育成、発展させ、躍進させようとしているのです。

現在のフィリピンホテル格付け基準はフルサービスホテルを評価対象としており、1,000ポイントを上限とするポイント加算方式に基づく評価方法を採用しています（1スターは251ポイントから400ポイント、2スターは401ポイントから550ポイント、3スターは551ポイントから700ポイント、4スターは701ポイントから850ポイント、5スターは851ポイントから1,000ポイント）。調査項目は、チェックイン・アウト、共用部、客室、バスルーム、料飲部門、アメニティ施設、運用状況から構成されており、合計177のチェック項目を現地確認することで評価しています。個々のチェック項目に対して「許容範囲、良好、優れる、非常に優れる、特筆すべきレベル」の5段階評価を行います。この個別評価項目に対して、それぞれ5段階の要求事項を明確化し個別に定義づけすることで、評価判断を客観的且つ容易に行えるよう工夫されています。またチェック項目の中で、ポイント加算の対象ではないものの、法律上求められている事項については、スター認定上の「必須条件」とし、その内容を一つでも具備しない場合には、申請されたスター認定を認めないという、スター別の「最低条件」を設けています。また環境配慮項目、地域経済への貢献項目等が別途設けられ、ポイント加算の対象とすることで、地域発展や環境配慮にインセンティブを与えています。

具体的には、全てのスターでエントランスの万全なセキュリティ体制を要求します。4スターからバレットパーキングサービスを必

要とします。チェックインは、1スターから16時間以上の対応を求め、プライベートチェックインの他、シートチェックインを加算ポイントとします。チェックイン・アウトプロセスでは、10分以内での対応、4スターでは4分、5スターで待ち時間のないスムーズなチェックインを求めています。ラゲージサービスは、全てのスターで必須条件としており、別途5スターではセキュリティ対応を持つ専用スペースの設置を求めています。全てのスターで共用部の空調は、年間を通じて20℃から25℃に保たれていることを必須条件とします。客室面積は、1スターで16㎡以上、2スターで18㎡以上、3スターで20㎡以上、4スターで25㎡以上、5スターで30㎡以上を最低条件として定め、4スターで客室数の2%相当、5スターで5%相当のスイートルームの設置を求めています。客室内の騒音規定では、4スターで60db以下、5スターで50db以下とします。マットレスサイズについては、4インチから8インチ、5スターではポケット・スプリングを求めています。リネン・クオリティーに関しては、3スターで250スレッドカウント、4スター以上で300スレッドカウントを求めることで高い質感を要求しています。カーテンについては、5スターで自動開閉機能を推奨し、客室空調のノイズは、4スターで年間通じ個別調整が可能なものとし、騒音を70db以下、5スターでは同60db以下としています。ハンガーは、宿泊者1人当たり3本以上とし、ワイヤーハンガー、プラスチックハンガー、木製ハンガーの順で評価が上がります。セーフティボックスは、ラップトップ・コンピューターの収納ができると評価が高くなります。ドリンクウォーターのサービスは、全てのスターで必須条件としています。客室ダイレクトリーは、3スターからレストランメニューやミニバー料金を含め、分かり易い内容と

し、4スターから周辺観光地の情報や案内も要求しています。バスルームについては、全てのスターで20秒以内に給湯温度38℃まで調整できることを求め、バスルームリネンについては、4スターで90％以上コットン生地、5スターで100％コットン生地を求めます。その他バスルームアメニティでは、ウォシュレット、多機能ヘアドライヤー、拡大鏡、体重計、バスローブ、スリッパ等が評価対象とされています。全てのスターで12時間以上のルームサービスを必須条件とし、4スター以上では18時間から24時間のサービス提供を必要とします。会議室、宴会場については、1スターで20名未満、2スターで20名から50名、3スターで50名から100名、4スターで100名から250名、5スターで250名を超える収容人数の確保を求めます。環境対応項目では、共用部及び客室内の照明機器それぞれについて、50％以上を節電機器によることで評価が上がります。客室内ドアロックは、カードキーによるルーム内電力コントロールを評価します。バスルームでは、シャワーヘッドの節水機能も評価対象となっています。運営上も環境対策について、設備とともにマネジメント上も適切にプロモートできる仕組みがあると高い評価になります。緊急時対応自家発電設備は、全てのスターで必須条件としています。5年以内に館内のリスク監査を受けていることも評価対象とします。スタッフ研修では、全てのスタッフが、年間3日のサービス研修を受講することが求められ、地域住民割合が80％、地域からの製品仕入れ割合が30％以上あると、それぞれポイント加算されます。その他バリアフリールームについては、客室数の5％相当を確保する等、詳細な規定が設けられ、ポイント加算の対象となっています。

　このようにフィリピンのホテル格付け制度は、外国人観光客の誘

致活動の一環として、他の大規模国営カジノ開発と一体としたソフト面でのインフラ整備として位置付けられているので、顧客目線の厳しく高いレベルの要求定義を設けるとともに、雇用や仕入等を通じて地域経済への貢献も図られたものとなっています。

■インドのホテル格付け基準

ホテルの格付け制度は、その国の社会経済情勢を反映したホテルマーケットの写し鏡であると同時に、今後どのようなホテル業界になってほしいかという、その国の観光政策や観光市場に対する想いも色濃く反映しているという意味で、その国の将来の観光市場の姿を描く手掛かりとなるものです。

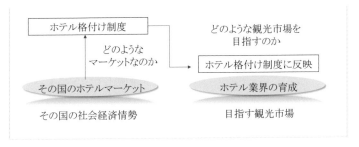

インドは、多くの世界遺産を擁し、医療観光にも力を注ぎ、観光市場の発展を目指していますが、一方で治安面での課題も多いという状況にあります。インドのホテル格付け制度は、インド政府観光省により運営され、専門委員(HRACC)により実際の施設評価が行われています。スター制度を採用していますが、旧宮殿を活かしたホテルもあることから、全体建物の50%以上が1950年前の築造であるものに対しては、通常のスター格付け以外に、遺産グラン

ド (Heritage Grand)、遺産クラシック (Heritage Classic)、遺産ベーシック (Heritage Basic) という格付けカテゴリーを設けています。その他、実際に運営される前段階である開発認可後のホテルに対しても、計画概要等に基づくホテル格付け評価を行っています。

インドのホテル格付け基準は、「遺産カテゴリー」以外では1スターから5スター、5スターデラックスの6段階に分かれています。全てのスターで節電照明器具の採用、バスルームの節水機能を求める他、1室以上のバリアフリールームの設置を求め、客室ドアやバスルームドア、共用部トイレの入リロの幅について、最低1m、内装には凹凸のないフラットな素材や形状を採用する等の規定を設けています。客室面積については、バスルームを除くスペースについて、1スター及び2スターで約11㎡以上、3スター、4スターで約13㎡以上、5スターで約18㎡以上とし、またバスルームの最低面積を、1スター、2スターで約2.8㎡、3スター、4スターで約3.3㎡、5スターで約4㎡と規定しています(バスタブの設置は4スター、5スターで要求しています)。スイートルームは、4スター以上で全体客室数の2%相当以上を要求しています。全てのスターでミネラルウォーターの設置(500㎖以上)を求め、ミニバーや冷蔵庫の設置については、4スター以上で求められています。共用部では、全てのスターでドアマンの設置、リクライニングセットやアームレスト付チェアーを配するラウンジを要求しています。共用部の空調設備については、4スター以上で必要とされています。フロント対応では、16時間以上の人員配置の他、24時間のコールセンターの運用を求め、ルームサービスでは、3スター以上で24時間対応を要求しています。レストランについては、1スター、2スターで1ヶ所のオールデイダイニング、3スター、4スターで営業時間を

7時から23時とするダイニングレストラン、5スターで24時間利用可能なコーヒーショップ（都市別で規定内容を分けている）を要求しています。バーについては、3スター以上で設置を求め、厨房施設等については、全てのスターでスタッフに対する半年に一度以上の健康診断受診や厨房内ペストコントロール等、衛生面に関する多くの規定を設けています。スタッフについては、1スター、2スターから英語対応を求め、3スター以上で英語対応を要件としています。専門機関による研修制度等を受講している等の熟練したスタッフの在籍比率も規定されており、1スターから2スターで20％以上、3スター、4スターで30％以上、5スターで60％以上を求め、さらにスタッフサービスの監視監督が可能なレベルのスタッフ比率を1スターから2スターで20％以上、3スターから4スターで40％以上、5スターで80％以上と規定しています。スタッフに対するサポート施設については、全てのスターで全身ミラー付のスタッフ専用トイレの設置、3スター以上でスタッフ用休憩室、ロッカールーム、社員食堂の設置を求めています。顧客サービスでは、全てのスターでファクス、コピー、プリントサービス、ウェークアップ・コールサービス、客室メッセージサービス、ホテル専門医情報の提供等を求め、外貨換金サービスの提供については、全てのスターであると望ましいとされています。2スター以上でE-mailサービス、室内外線電話、3スター以上でインターネットに接続可能なPCの設置、ホテルから観光地への有料配車サービス、顧客荷物専用の保全場所の確保、スタンプメーリングサービス、バレットパーキングサービスが要求され、4スター以上で客室内Wi-Fi設備、アイロンセットの設置を求めます。ビジネスセンター、館内売店は4スター以上で必要とされる他、5スターではプールの設置（3ス

ターからあると望ましいとされている)、宴会場、会議施設の設置を求めています。クリーニングサービスは、5スターで必要とされます。またフィットネス、ブックストアは5スター以上で求められます。駐車場に関しては、全てのスターで適切な規模の設置を要求しています。セキュリティに関しては規定が多く、全てのスターで監視カメラの設置やホテルスタッフ等に対する入館時の検問、煙感知機及び警報機の設置、緊急時避難経路の客室ドア掲示、フロントデスク背後に救急用アイテムの設置、エントランス扉にはガードマンの配置を求め、3スター以上で客室の2重ロック、ピープホール(ドアチェーンで代用可)、ホテルエントランスでの金属探知機の設置(ドアフレーム型等)、また4スター以上で車両に対する不審物探知設備を求める他、5スターでエントランスにX線検査機の設置を求めています。

　インドのホテル格付け基準を見ますと、スタッフサービス力については、インスペクション項目として具体的には設けず、専門機関の認定等研修を受けた人の割合で確認する方法が採用されています。施設要件については、客室面積に関する規定はあるものの、詳細には設けておらず、全てのスターでエントランス扉にガードマンの設置を求める等、安全性の提供に主眼が置かれています。また、インドでは地方の村や山岳地帯における教育不足や間違った健康管理を図ることが多いと言われており、体調を崩す人が多いと言われており、全てのスターで客室ドアの幅を1m以上とする他、ロビーではアームレスト付チェアーを設置する等、ホテルスペック面でも徹底したバリアフリー対応が求められています。

■韓国のホテル格付け制度（※昨今改定）

韓国のホテル格付けは1996年に設立された韓国ホテル協会(Korea Hotel Association)によって行われています。以下では同協会の協力により、韓国でのホテル格付け制度及び評価基準をご紹介したいと思います。同協会によるホテル格付けは、ホテル側の費用負担に基づき現地調査を行い、合計700点からなる加点式評価を基礎に加減点補正を経て「特1級」、「特2級」、「1級」、「2級」、「3級」の5段階評価を行います。各等級の必要得点数は、「特1級」で700点の90％（630点）以上、「特2級」80％（560点）以上、「1級」70％（490点）以上、「2級」60％（420点）以上、「3級」50％（350点）以上とし、「無窮花（ムクゲ）」の花数で等級数を表示します。ホテル格付け調査は大きく①「共用部」、②「客室」、③「その他付帯施設」及び加減点補正項目に分けられており、ロビー等の「共用部」は25項目で合計205点、「客室」は32項目で合計300点、「その他付帯施設」は30項目で合計195点が配分されています。①「共用部」に関する評価は、ホテル案内及び駐車場保安設備、玄関及びロビー、フロント、廊下及び階段、従業員教育に項目分けがなされており、特にロビー及びフロントサービスの評価を重視する内容となっています。ロビー面積は、室当たりおおむね0.33㎡に相当する基準面積（200室未満は66㎡、300室未満は100㎡、300室以上は150㎡を基準）の120％以上を満点配分（10点）とし、その他ドアマンやベルマンの設置、コンシェルジュ、バレットパーキングサービス、交通機関やイベントチケット等、多様な予約サービス、為替サービスの提供の有無を評価しています。また外国語対応力のあるスタッフの配置やスタッフ研修体制を補正

項目として加点対象とし、研修体制については、専門機関の設置、外部教育機関への委託の有無等が評価される他、6種類以上の職務階層別教育システムを満点配分(15点)としています。②「客室」に関する評価では、ホテル市場の需給逼迫を反映してか、客室数が300室以上あれば、それだけで全調査項目中最大の40点を配分しています(調査項目当たり平均で約8点)。その他客室の種類では、2種類から5種類で4点から10点を配分し、客室面積では、標準的な客室を19㎡のダブル・ツインルームとした上で、当該基準面積の130%以上を満点配分(10点)としています。客室の居住性・機能性評価は合計で14項目、合計120点としています。浴室内設備評価では、浴室面積について3.3㎡を基準面積とし、130%以上の確保を満点配分(10点)とする他、その他トイレでは、ビデ機能設置の有無について、客室数の100%を満点配分(10点)とします。③「付帯施設」に関する評価では、レストラン及び同管理状態、厨房施設管理状態、付帯施設の品位及びサービス内容、国際会議施設の有無及びビジネスセンター運営状況、身体障害者対応状況を考慮します。レストランの種類は、「一般食堂」、「韓国式食堂」、「コーヒーショップ」の三つがあれば満点配分(10点)とする他、オリジナルメニューの提供があれば補正項目にて5点加算とし、厨房面積は、レストラン面積の30%以上を満点配分(5点)とします。その他施設では、フィットネス、劇場、サウナ、プール等、4種類以上で満点配分(10点)とし、会議場については、音響照明設備の良否を考慮する他、200名以上収容できるコンベンションルームに満点配分(10点)としています。またビジネスセンターについては、設置運営状況の他、支援サービスの内容やPC環境等、機能性及び利用時間等の利便性に関する調査項目を設けています。

前記①②③の大項目に対する評価に続いて、加減点補正項目による調整を行い、最終的な得点数とします。加点補正項目は合計80点であり、「韓国式食堂」の有無に20点を配分している他、施設外観や屋外造園等審美性に10点、節電やグリーンカード制度等エネルギー対策の有無に10点、無線ランやWi-Fiの提供に10点、対テロ対策に30点を設けています。また減点補正項目も合計80点とし、火災及び犯罪発生状況や従業員による不法行為、営業上の行政処分の有無の他、顧客クレーム対応状況、内部福利厚生施設及び制度について評価します。※なお現在は一部基準内容及び運営体制が更新・改定されています。客室数300室以上を求め、標準的な客室を2名利用の19㎡としていることや、スタッフの外国語対応力評価に20点を配分している点に、需給が逼迫するホテルマーケット及び拡大するインバウンド観光市場への対応が見られます。また韓国の治安は国連犯罪比較データを見ますと、特に性犯罪事件数が多く、さらに増加傾向を示しています（治安全般では先進国の中で中程度に位置している）。また2010年には北朝鮮による「延坪島」砲撃事件が発生する等、潜在的テロの脅威は常に存在していると言え、ホテル格付けにおいても防犯防災安全対策に関する規定が多く設けられています。例えば、フロントチェック項目における金庫設置状況、客室ドアのKey handling system（三つ以上を満点）や客室内人命救助設備、付帯施設における警報設備の維持管理状態の他、加点補正項目としてスタッフの対テロ安全教育及びマニュアル運営、システム構築、外部との徹底した隔離（地上3m以上の高吸気口設置等）等が規定され、CCTV設置及び同解像度については、人物特定精度として80％以上を評価対象としています。また減点補正項目として、直近3ヶ年でホテル内火災発生の有無（あれば△

10点)、ホテル内での盗難、犯罪事件の発生の有無（あれば△10点)、直近3ヶ月での従業員による不法行為の有無（あれば△10点）、消防・衛生・労使紛争等での営業上の行政処分の有無（1回から6回以上に対して△10点から△20点）、顧客からのクレームに対する処理状況として、不当な料金徴収に△4点、事前予約内容に対する不履行に△4点等、詳細な規定を設けています。このように、訪日する韓国人観光客は、外国語対応力や観光客に対応する客室構成を含めた手厚いサービス等、外国人観光客への対応に力点を置きつつ、防犯防災安全対策を追求するホテル側の姿勢を評価するホテル格付け制度をバックグラウンドとしているのです。

■中国の格付け制度

　中国のホテル産業は、政治接待用に限定されていた1966年から1976年に至る文化大革命時代を経て、1979年鄧小平氏による改革開放政策に至り、開放された市場として整備すべき産業として、観光産業が位置付けられることで、成長期に入りました。1978年には22万人に過ぎなかった外国人観光客数も、観光産業を外貨獲得の重要産業、また国際交流の仲介役として重視し、ハード、ソフト両面から市場が整備された結果、1978年から2007年まで年平均成長率＋16.5％で拡大推移しました（2007年度2,600万人を突破）。1989年には、民主化を求める運動が天安門事件に発展した結果、外国人観光客数を大きく減少させるものの、ホテルサービスの質を見直す取り組みと同時に、テーマ性のある旅行商品を広く提供することで、1991年には1989年の水準まで早期に市場を回復させました。更なる観光市場の成長を目して、1992年に

は、観光産業を第三次産業の重点発展産業に指定する等、積極的な観光政策が打ち出されます。1999年には「春節」、「五・一」、「十・一」から始まる1週間を「黄金週間（ゴールデンウィーク）」として国内観光も積極的に推進させました。2001年には世界貿易機構（WTO）への加盟が承認され、外国資本による国際観光産業への参入にも勢いがつき、2008年には北京にオリンピックを迎えることで、市場の成熟化を後押しすることになります。

　一方で国民の海外旅行に関しても、1997年には統一的に管理する法整備が進められ、一般国民にも私費での外国旅行が可能となります。当時中国から団体観光旅行の目的地となる国・地域は政府によって指定されていました。日本は、ベトナム、カンボジア、ミャンマー、ブルネイと同じく2000年に北京市と上海市、広東省の住民に対象を限って指定国入りし、団体観光ビザの発給が解禁されます。2004年9月には遼寧省、天津市、山東省、江蘇省、浙江省の1市4省に団体観光ビザの発給解禁対象が拡大され、2005年7月からは中国全土が対象となりました。その折、日本では観光庁が発足し、2009年7月「十分な経済力を有する者」との要件を満たす富裕層に限って、個人観光ビザを解禁することになります。その後更なる訪日中国人増と消費拡大への期待から、2010年7月には「一定の職業上の地位及経済力を有する者」（中間層）へと要件が緩和されました。

　中国におけるホテル格付け制度の背景には、改革開放政策による中間層の増加で拡大した、国内マス・ツーリズムへの対応と、個人観光として誘致する、海外からの個人観光客に対する上質なホテルサービスの提供を並行するという特異な観光市場があり、また計画経済下においては、規定化されたサービスから競争原理が働き、

HOTEL&RYOKAN　宿泊施設の『品質』

第二章 世界のホテル格付けトレンド

サービスの質を重視する買い手市場へと変貌したという歴史的文脈があります。このような経緯の中で、1980年代から「The China National Tourism Administration（以下CNTA）」によるホテル格付け作業が始まりました。1988年に5スター制度を制定し、1990年4月に最初のホテル格付けを公表します。さらに1993年の改定で国家基準に昇格させ、1997年、2003年の改定を経て現在に至ります。

　中国のホテル格付け基準は、「良質なホテルのあるべき姿」を細かな評価項目に分解して表現しており、ホテル業界にとって運用規範となるものです。ご紹介する基準は20年以上前に策定された格付け基準を基礎としており、売り手市場としてのサービス業から買い手市場であるホスピタリティ産業へと成熟度を増す中で進められた格付け基準のため、今では当然と思われるものについても詳細な規定が設けられています。例えば、ホテル内の共用トイレに設置されているアイテム（トイレットペーパーの有無や男性用トイレでは小便器の有無、ゴミ箱の設置等）や客室内のゲストアメニティについて、詳細に1アイテム毎に調査すると同時に、格付け決定段階では、顧客満足度を別途調査することで、ホテルのサービスレベルを丁寧に確認しています。また国際観光の誘致及び国内マス・ツーリズムの対応を念頭に置いているため、国際観光ホテルについては、フロントスタッフの外国語対応力やミーティングルーム、ビジネスセンターの他、顧客満足度を別途調査する等、世界的スタンダードを意識した内容を充足しており、国内需要に対しては、団体客用の動線確保や卓球やボーリング場の有無等、アミューズメント施設の充足等で対応しています。

　ホテル格付けを申請するには、まず提示された9項目の評価基準

に基づいて自主診断を行います。その後正式な格付け申請に移り、六つの調査項目に沿った具体的な調査が行われます。正式なホテル調査では、最初に「建築やサービスレベル」及び「施設内容」について、合計120項目を超える細かな調査項目を設け、加算得点方式により評価します。次いで「メンテナンス」、「衛生レベル」、「サービスクオリティー」についての評価を経て、最後に顧客満足度調査を行い、最終的なホテル格付けを決定します。

　詳細項目が設けられた「建築及びサービス」、「施設内容」について、5スタークラスとして優れた内容とみなされる主な内容を見てみますと、駐車場については、客室数の15%以上を確保すること、ロビー面積は、客室当たり0.8㎡を確保すること、ロビーの天井にはシャンデリアの有無を調査します。客室面積は、全体客室数の80%相当がバスルームを含めて20㎡以上であること、客室天井高は、少なくとも2.7m以上であること、テレビサイズは18インチ以上、ミニバーの設置率100%を望ましいものとし、8種類以上のソフトドリンク、5種類以上のリキュールの提供を優れたものとしています。バルコニーは、合計客室数の80%以上、バスルーム面積は、6㎡以上を求めます。内装や家具で使用される木材はマホニー、石材は大理石が重視されます。バスルームでは1ベッド当たり1ヶ所のシンク設置を求めます。クローゼットは奥行50mm×幅120mm以上、ゲストアメニティでは詳細アイテムを規定し、その有無を確認する等、客室調査は全体の中で最大のスコア配分としています。レストランでは内装、家具の質、地域特産メニューの有無を調査し、厨房ではダイニングルームとの間で臭いや騒音が分断される動線や区画の配置、適切な換気設備を求めます。バーラウンジについては、ピアノの設置や雰囲気の良い独立したバーの設置

を求めます。共用部では、眺望エレベーターを望ましいものとし、ホテル外顧客とホテル宿泊客との動線区別を求めます。プールは、400㎡を超えるインドア無料プールを優れた施設と規定しています。

　1993年の改定を経て、さらに外国人観光客数が1,100万人を突破した2003年には、3スター以上のホテルに対して79項目の調査項目が追加されます。客室では飲用水の提供、ビジネスフロアの設置、スイートルームには来賓用トイレの設置、バスルームは全体客室の50％以上でシャワーとバスの分離が規定されます。レストランでは茶道室の設置、宴会場は200人以上の収容人数の確保、24時間営業店舗の設置等が設けられます。ビジネスサービスでは、打ち合わせ用のスペース、通訳や翻訳手配、図書館（1,000冊以上）、会議施設では、200席以上のミーティングルームと2室以上のスモールミーティングルーム、同時通訳（4ヶ国語以上）、電話会議設備、パソコンやプロジェクターのリースサービス、5,000㎡以上の展示場、その他各種施設では美容室の設置、フラワーショップ、カラオケルーム、ベビールーム、4レーン以上のボーリング場、ブックストア等、充実した施設内容が盛り込まれます。制度化されたホテル格付け基準はホテルのあり方を形作ります。当該基準を背景に2012年には2,700万人を誘致する観光大国の道を歩むのです。

■フランスのホテル格付け制度

　フランスの宿泊施設は多様性に富んでおり、ホテルの他、アパートホテル、バカンス村、貸別荘、ユースホステル、キャンプ施設等があります。2011年1月時点における施設数は320万件、ベッ

ド数では2,100万台をマーケットに提供しています。その中で4スター以上のホテルが約11%、3スターが約28%、2スターが約43%と全体の約40%が3スタークラス以上のホテルであり、格付け評価の高いホテルが多くを占めています。

　フランスのホテル格付け制度は、商業や観光等に関連する法令により定められています。2008年関連法令改正前までのフランス・ホテル格付けは、「星なし」から「4スターデラックス」まで、建物設備と施設規模に主眼を置いた6段階のポイント・スコアリング方式を採用してきました。その後の基準見直しを経て、それまでの建物や設備面を重視した評価項目に加え、従業員のサービス力、持続可能な発展への取り組みや最新テクノロジーの利用状況、バリアフリー対応状況等に対する評価項目を多く織り込むことで、ソフト面の評価も同様に重視する方向に転換します。つまりソフト面に対する評価項目を充実させることで、サービスの質の向上とともに、フランスの観光デスティネーションとしての国際競争力をより一層高めようとしたのです。現在のホテル格付け基準は「ATOUT FRANCE（フランス観光開発機構）」による格付け基準に基づき、1スターから5スターとさらにその最上位クラスに当たる「パラス」が設けられています。ホテル格付けの取得は各ホテルの任意であり5年間有効です。ポイントによるスコアリング方式を採用しており、「必須項目」と、別途設けられる「アラカルト項目」の追加ポイントを考慮することにより、様々なホテルの個別性に配慮しています。新設された最高位「パラス」では、立地性、審美性、歴史文化性、格式等に関する意見を取りまとめ、最終的には有識者による主観的評価も考慮して決定されています。

　フランスのホテル格付け基準は、前記の通り「必須項目」と「ア

ラカルト項目」に分かれています。「必須項目」については、各スターカテゴリー別に最低限獲得すべきポイント数が設けられており、仮にその最低獲得ポイント数を下回ったとしても、「アラカルト項目」で補えればスター認定されます。評価項目として、「施設と設備」、「サービス」、「アクセシビリティ及び持続可能性」の大きく3区分が設けられており、それぞれの区分から細分化された詳細項目を設けることで、格付け評価がなされています。以下ではその主な内容を見てみたいと思います。

　ホテルの外観に関しては、建物のイルミネーションや植栽によるデコレーションを「必須項目」とし、認識しやすいサインの有無やガーデニング（最低200㎡）等、敷地のランドスケープ等については「アラカルト項目」として評価しています。フロント・ラウンジについては、ホテル内サービススペースへのアクセス性や空調設備の有無を「必須項目」とし、フロントスタッフのドレスアップや風貌、子供に配慮した椅子の設置等は「アラカルト項目」として評価しています。バーエリアの面積については、1スターで20㎡以上、2スターで30㎡以上、3スターで50㎡以上、4スターで70㎡以上、5スターで90㎡以上としています。客室面積は、ツインルームについて、バスルームを含め1スターで10.5㎡以上、2スターで10.75㎡以上、3スターで13.5㎡以上、4スターで16㎡以上、5スターで24㎡以上とし、またバルコニーについては、25％以上の客室に2㎡以上、プライベートテラスについては、6㎡以上の設置を全てのスターカテゴリーに求めています。客室備品等については、フラットテレビの有無、DVDプレイヤー、ビデオゲーム、インターナショナルチャンネルの利用可否を「必須項目」として評価しています。ベッドサイズについては、シングルで1.20m×2.00m

以上、ダブルで1.60m×2.00m以上、ツインでは2台×0.90m×2.00m以上としています。また子供用エキストラ・ベッドの有無やエキストラ・ピロー及びバンケットについては「アラカルト項目」としています。客室内の設備については、ミニバーは「必須項目」として評価し、メインライトの照度やデスクランプ、ベッドサイドランプ、ベッドのヘッドボードに設置されたリーディング用ライト、ベッド近くのコンセント等の有無、その他テーブルやデスクまわりでのコンセプト、ディマー（Dimmer）スイッチの有無等、細かな規定が設けられています。館内アミューズメント施設では、テニスコート、ミニゴルフ、ビリヤード、フィットネス、スパ、室内外のプール、ビジネスセンター、ミーティングスペースについてもその有無を評価しています。

　次に「サービス」に対する評価では、「必須項目」として予約時の予約内容の復唱の他、7時から24時までのフロントの人員配置、ローカルツアー情報の提供やコンシェルジュ機能、ラッゲージサービス、バレットサービス、外貨交換サービス、インターネットに接続可能なコンピューターの設置やファクス送信サービス、英語を含めた複数言語の対応力と名札で対応可能な言語が分かること、その他ランドリーサービスの提供を評価しています。朝食については、ビュッフェ形式でのアラカルト朝食の他、ルームサービスでの提供の可否、テラスでの提供の可否を評価しています。ルームサービスについては、24時間の対応を評価しています。その他美容、フィットネスでのインストラクターの配置、マッサージ、託児所の有無を評価します。最後に「アクセシビリティ」では、バリアフリー等の対応、また「持続可能性」では、スタッフの十分なトレーニング体制の他、節電、節水、廃棄物を極力減らすような努力や地産品を2

種類以上採用すること等が求められます。

　フランスのホテル格付基準で注目されるべきはやはり「パラス」でしょう。他のスタークラスのホテルとは異なる機能が期待されているからです。「パラス」の認定には、5スタークラスの評価をクリアし、さらに設備、営業年数やサービスに関する客観的評価と審査委員による委員会を経て、観光担当大臣に推薦されることが必要です。評価基準を見ますと、客室等に関する客観的基準以外に、審査委員会による主観的評価である2次審査を経ます。この2次審査では、立地の良さやサービス提供力の他、ホテルが持つ歴史や由緒、文化性や格式、社会や環境に対する配慮や貢献が考慮されます。つまり「パラス」に認定されるということは、フランスの文化や審美性を広く世界や後世に伝える役割を負うことを意味しているのです。

　またフランスのホテル格付け基準は、施設や設備に関する規定が多く、サービスに関しては、コンシェルジュ機能等、一定レベルにあることが前提となっているように感じます。設備面では空調や照明等に細目を配しており、施設を含めた人を取り巻く環境が、その人の行動を左右するという「アフォーダンス」をうまく活かしたホテル格付けがなされているようです。

■イギリスのホテル格付け制度

　イギリスのホテル格付けは、英国政府観光庁が、自動車協会、英国王立自動車クラブ、スコットランド、ウェールズ、北アイルランドと連携をしながら行っています。「清潔感」、「ベッドルーム」、「バスルーム」、「サービス内容」、「料飲品質」、「ホスピタリティ＆フレ

ンドシップ」の基本6カテゴリーと、「外観」、「共用部」、「ダイニングルーム、レストラン」のその他3カテゴリーに関する評価に基づき、1スターから5スターの5段階評価が行われています。イギリスの格付けでは、1スターに対する詳細な必須条件を設けており、それを基礎にして、その他スター別の追加条件を加える構成を採用しています。各スターカテゴリーの認定には、前記六つの基本カテゴリー全てにおいて、スター別の要求得点数をクリアすると同時に、全体得点でもスターカテゴリー別の要求得点数をクリアする必要があります。

イギリスのホテル格付けは、ハードウエア、ソフトウエアを高いレベルでコーディネートするホテルサイエンスが凝縮されている印象を受けます。ホテルサービスの中でも、特にソフトウエアに重点が置かれており、ホテル格付け基準を利用する側にとって、分かり易い表現が多く、叙事的な構成となっています。また前記六つの基本カテゴリー及び三つのその他カテゴリーに沿って行われるホテル調査の項目内には、必要に応じて「アクセス性」と「持続可能性」の観点から推奨される運営が別途明記されています。「アクセス性」に関する詳細な規定に表れている通り、顧客視点が貫かれていると同時に、「持続可能性」を織り込むことで、長期的に安定した運営に繋がるよう考えられています。

フランスのホテル格付けが、ややハードウエアに重点を置いた規定内容であり、「アフォーダンス（環境が人間行動を左右する）」を活かしたものである一方で、イギリスのホテル格付けは「ホテルの神髄はサービスにあり」と公言するかのように、サービスクオリティーを重視した内容になっています。サービスクオリティーの調査においては、調査員による基準解釈の主観性介在の余地がありますが、

第二章　世界のホテル格付けトレンド

顧客体験を軸に据えたホテル格付けを行なう為には、たとえ客観性を一部犠牲にすることがあったとしても、サービスクオリティーを調査対象として重視するという姿勢が表れた基準となっています。以下ではイギリスのホテル格付け基準について、その主な内容を見てみます。

「清潔感」については、基礎となる１スター必須条件として、特に顧客が直接接するバスルームやシャワールーム、トイレについて十分に注視した管理体制が求められるとともに、ベッドリネン、ベーシン、フローリングについて徹底した清掃が確認されます。２スターから上位のスターカテゴリーでも、１スターの基準を準用していますので、全てのスターで当然に具備されるべき内容と位置付けられています。

「サービス内容」については、１スター必須条件から多くの規定が設けられています。スタッフの制服の清潔感やアイロニングの有無、当該ホテルのスモーキングポリシーの有無や、レストランが閉鎖している場合の周知方法、その他ホテルのキャンセルポリシーの表示の有無や宿泊料金の支払方法の説明（利用可能なカード類）等が確認されています。

「ベッドルーム」については、１スター必須条件から極力無駄なノイズを排除することが求められ、さらに「アクセス性」では、連泊客向けに、前日に置かれた顧客の私物を極力動かさないよう配慮することや、客室清掃用カートについても、客室通路で極力通行の妨げにならないような取り組みがあるかを調査します。客室面積に関しては、すべての家具類のまわりで顧客が自由に動けるだけのスペースを確保すること（自身を中心に約1.8m、かがむことなく自由にアクセス可能なこと）、ファミリー用ルームについては、ゆと

りのあるスペース配分が与えられていることとしています。さらに5スターでは、客室内ダイニングが不自由なくとれるスペースがあることが求められます。ベッドサイズについては、シングルで90cm × 190cm、ダブルで137cm × 190cm以上としています。リネン類については、2シーツ、2ブランケットにベッドスプレッド、又は一つか二つのシーツとともにデュベスタイルを求めています。デュベスタイルを採用している場合には、顧客の要求に応じてアレルギーフリー対応を別途用意することが要求されます。またダブルベッドの場合、2スターからベッド両脇からのアクセスが可能であること及びそのスペース配分が求められます。窓は少なくとも1ヶ所は開放可能なものとし、直接的に外気・外光を取り込めるよう求めています。自然光をできるだけ取り込む配慮や節電機器をできるだけ利用することも「持続可能性」に関する「望ましい運営」と位置付けられています。

　このようにイギリスのホテル格付けは、サービスに関する調査項目が多いこと、1スターに対する必須条件を丁寧に定義し、それを基礎的な評価として重視することで、全体のスターカテゴリーに偏りがない形となっています。また分かり易い説明文を記載することで、なぜその基準やサービスが必要なのかを十分に理解できますので、ホテル業界にとっての運営バイブルともなっているはずです。

　一方でイギリスのホテル格付けは、ダイレクトリー内の施設紹介から料金提示の有無、徹底したアクセス性の要求に見られるように、顧客側の視点に立ってホテル体験を評価しているので、前記の通り、ホテル調査員による評価の主観性が介在する可能性があります。そこで熟練したホテルサービスの専門家を調査員に起用することで、できるだけ一貫性のある適切な評価がなされるよう工夫されていま

す。このホテル調査員の存在は大きく、ホテル格付けを通じて、ホテル側に調査員によるアドバイスが還元されますので、各ホテルがどのようにすれば上位クラスの格付けを得られるかを把握することができます。ホテル格付け基準においても、各評価項目内において、別途「アクセス性（バリアフリー等）」や「持続可能性」に関する規定を設けており、適切な運営内容を紹介し、具体例を示すことで、業界全体の競争力向上に資する内容となっています。例えばこの「持続可能性」については、食材やガーデンニング、室内デザイン等には、できるだけ地元の食材、デザイナー等を起用することで、それぞれの地域性を活かした質感造りを推奨しています。地元との連携及びそれを活かしたサービスを提供することができれば、マーケット内で特徴あるポジションを築くことができ、安定的な競争力獲得に繋がるからでしょう。それら追加規定により、健全な業界を牽引するとともに、仕入先や取引先がホテルから近くなることで、経費節約にも繋がる点にも着目して、「持続可能性」に関する推奨運営としているのです。

■アメリカのホテル格付け制度

　米国では様々な民間企業により、多くのホテル格付け情報が提供されています。特にAmerican Automobile Association（以下、AAA）によるスター評価やフォーブストラベルガイド（旧モービルトラベルガイド、以下、「フォーブス」）によるスター格付けは、歴史も古く、知名度の高いホテル格付け情報として広く利用されています。AAAによるスター評価は、レストランも対象としており、同協会に加盟している5,300万人以上にも及ぶ会員向けのホテル・

レストラン情報の一つとして、それらに対する格付けを実施しています。アメリカのホテルは、大規模ホテルから小規模ホテル、モーテル、カントリーイン等、様々なカテゴリーに分けられており、それらに対して格付けが行われています。AAAのホテル格付け基準では、施設、サービスに関する基本調査（AAA Approved）を経て、4スター以上と推奨されるホテルについては、さらに「スター評価(Diamond Rating)」を実施する2段階評価を採用しています。AAAのサービスクオリティーに対する評価は、この「スター評価」において重視されます。AAAによる「スター評価」の特徴をまとめますと、サービスクオリティーに対する詳細調査が入る4スター以上と、その前段である1〜3スターに対する調査とで、その内容を大きく分けていること、サービスクオリティーという評価に主観性が介在する調査項目については、多くの会員からの情報フィードバックに基づいて把握される顧客ニーズを反映した評価項目が採用され、十分にトレーニングを積んだ調査員を採用することで、できるだけ主観性を排除するものとなっています。このように会員から得られる顧客ニーズに基づき、必要と判断されれば評価項目を修正する柔軟性を兼ね備えており、時代とともに変化する顧客ニーズに的確に対応できる仕組みを有しています。例えば昨今では、携帯電話やパソコン利用時における機能性と、それらに対する料金システムの内容や自動チェックイン機（Check-in kiosks）、タッチスクリーンやチェックインでのデジタルペン、ムードのある照度調整システムや香り等に対する調査項目を入れることで、現在の顧客ニーズを評価に取り込んでいます。

■AAAによるサービスクオリティー調査概要

　AAAによるサービスクオリティー調査は、4スタークラスから導入されます。主な内容を見てみますと、「ベル・サービス」について、ベル・スタッフは施設に関する十分な知識を有しているかの確認から始まり、適切なサービス提供ができる能力を有していること、顧客の荷物の預かり方やその扱い方が、高いレベルで洗練されていることが求められます。また顧客の名前で適切な接客ができているかについて、顧客がチェックインしてからチェックアウトするまで徹底されていること、さらに顧客の名前の呼び方が失礼にあたらないよう十分に配慮することまでもが求められます。ルームサービスでは、同じく顧客の名前を使用したサービス提供から始まり、個々の顧客ニーズに応じたパーソナル・サービスが適切にできているか、オーダーの取り方から客室へのサーブの仕方まで、徹底したチェックがなされています。また顧客が客室にいない時間帯で夜9時までに、客室ベッドのターンダウン・サービスを全ての客室に実施されていることが求められます（もちろん個別に不要と言われる場合を除いて）。5スタークラスでは、バスルームアメニティの更新やその他徹底したサービス提供が求められます。ウェークアップ・コールは、指示された時間において、自動音声ではなく、実際のスタッフにより全ての客室で顧客の名前を使ったサービス提供が行われていることが確認されます。

　AAAによる最初のホテル格付け調査は1937年にまで遡ります。AAAはその長い歴史の中で顧客ニーズを的確に捉え、ホテル格付け基準を進化させてきたのです。今回は特に客室に焦点を絞り、AAAのホテル格付けでは客室の設えに関する顧客の事前期待をど

のように考えているのかを見てみたいと思います。

　AAAの客室に関する評価については、「AAA approved」のフェーズでその多くを確認することができます。顧客視点に立脚している為か、定量的な数値による規定は少なく、定性的な表現が多い構成となっています。客室のデコレーションでは、3スターで居住性を、4スター以上で快適性や高いデザイン性を重視しています。ベッドについても、リネン類等客室デコレーションと整合する快適な質感を求めます。家具類についても同様に、5スターでは高級な質感と同時に高いデザイン性を求めています。5スターの客室評価では、特に「エッジの効いた最先端のデザイン性と機能性(Leading-edge design and effect)」という表現が多く使われています。この表現は、客室内フロアカバー（フローリング材）、窓枠デザイン、壁の材質、客室内姿鏡、客室内照明、ゲスト・インフォメーション（ダイレクトリー）等、多くの客室内基準にも見られ、またバスルームについても同様に、バスルーム全体の質感や装飾、設置家具類、ベーシン・カウンター、フロア・カバーリング、バスルーム内照明、鏡、バスルームアメニティ、シャワー、シャワーカーテン（ドア）、バスタブ（約1,500mm×約800mm以上）、シャワーまわり、壁の質感等で使われています。この「エッジの効いた最先端のデザイン性と機能性」については、前記のような客室やバスルーム以外でも、全体建物のデザインや共用部の質感、ランドスケーピングを含めて一貫して使用されているのです。

「エッジの効いた最先端の機能性」については、タッチスクリーンやチェックインでのデジタルペンの使用、ムードのある照度調整システムや香り等に対する調査項目の拡充に見られるように、最新の設備水準をホテルに求めているようです。一方で「エッジの

効いた最先端のデザイン性」とはどのようなものでしょう。AAAのホテル格付け基準では「Leading-edge design」とは区別して「Luxurious」という表現を使用しており、デザイン性に高級感とは異なる独立した「価値」を認めているのが分かります。

　ホテルにとって「デザイン性」の意義には二つあると思います。一つはホテルの「コンセプト」との関係で浮かび上がる効果であり、もう一つは個人客をターゲットとする場合に直接的に顧客の感情を揺さぶる心理的価値です。

　弊社で行ったアンケート調査では、顧客がホテル側から発信される「コンセプト」を感じとると、高い確率で「客層の統一感」を感じる傾向が見られました。実際には、ホテルを利用する顧客が他の顧客と会話することもなければ、直接的にその人となりを知ることはできません。他の顧客の人柄や社会的地位、人格を推測する手掛かりは、ロビーやその他共用部で接した他の顧客の外観なり風貌、振る舞いしかないはずです。弊社の調査結果で見られたように、「コンセプト」と「客層の統一感」との関係は、ホテルから伝えられるホテル固有の「コンセプト」が、他の顧客の不明な部分を補うことができることから生じているのでしょう。弊社の調査では「客層の統一感」と「顧客満足度」にも一定の関係が見られました。「客層の統一感」を感じる人は、そのホテルに満足を感じやすく、つまりは客層がホテルの魅力を大きく支えていると言えるのかもしれません。それは、一定の客層を感じ取り、その空間に身を置くことで、「社会的アイデンティティ」を確認できるという社会的欲求の充足が関係しているのかもしれません。

　この「コンセプト」を伝える一つの手段がデザインなのです。装飾の自由度が高いロビーやホテルサービスに触れることができる料

飲施設等では、ホテル側の「コンセプト」を容易に推測することができます。一方で一旦客室に入ってしまいますと、たとえ居住性や機能性、快適性は確保されていても、コンセプトの伝達に関しては、壁の絵画等に限られるケースが多いのではないでしょうか。このような場合には、顧客の「コンセプト」認知が大きく低下することになります。先ほどの弊社調査でも、「コンセプト」認知の低下に応じて、「客層の統一感」さらには「顧客満足度」も同時に低下する傾向が見られました。顧客がホテルを利用する時間の大半は睡眠時間を含めて客室内ですので、そこでのホテル・コンセプト伝達は非常に重要な戦略的ツールと言えるはずです。

マス・ツーリズム全盛から環境配慮への社会的要請を経て、昨今は個人旅行中心の時代に大きく市場が変化しています。つまり直面するホテルのターゲットが「集団心理」から「個人心理」へと変化していると捉えることができます。集団心理には、明確な目的地があり、団体行動をサポートする施設が求められても、個々人の嗜好に左右されるデザイン性は心理的価値とみなされないかもしれません。一方で個々の「個人心理」から見れば（もちろん個々の嗜好はあるものの）、ホテルからのコンセプトに共感するのであれば、その表現手段であるデザインに強く共鳴するでしょうし、さらにダイレクトに意匠性を感じさせるものであれば、直接的な心理的価値に繋がっているはずです。

AAAでは、5,300万人にも及ぶ会員組織からのフィードバックに基づき、ホテルに対するニーズ変化を常に観測し、基準を更新し続けています。そのAAAのホテル格付け基準において、5スタークラスのホテルで「エッジの効いた最先端のデザイン性」が多くの評価項目で一貫して求められているのは、個人マーケットにおける

第二章　世界のホテル格付けトレンド

個人心理をベースにした心理的価値を、ホテル格付け基準に取り込むことが欠かせないからではないでしょうか。

　客室内のデザイン性は、客室構成や客室内設え、建物のスパン配置、防音対策等居住性や快適性という枠の中で求められます。客室構成等を検討する場合、これまでの居住性、機能性や快適性に併せて、今後はこのデザイン性という新たな軸も考慮に入れた面積配分や資材の選定等が求められるのではないでしょうか。

■フォーブスによるサービスクオリティー調査概要

　フォーブスではホテル、レストラン及びスパに対するスター格付け（1スターから5スター）を行っており、スター格付けを行うAAAと同様に、4スター以上の可能性がある物件については、550項目以上のサービスクオリティーに関連する匿名調査が行われる仕組みを採用しています。4スター、5スターが期待できるホテルについては、清潔さや設備及び従業員の態度並びに礼儀を含む750項目以上の調査項目から構成される評価基準でサービスクオリティーが評価されます。総合的な評点の約25％が施設調査に、約75％がサービス評価に配分されています。ここでもAAAと同様に、サービスクオリティーに対する評価については十分に訓練された調査員を採用することで、できるだけ主観性を排除するよう工夫されており、期間的にも2泊3日と十分な覆面調査が実施されます。このサービスクオリティー調査では、スタッフの礼儀、マナー、その他優雅さや思いやり及び個別的対応の印象を含んでおり、ホテルでの体験をできるだけ的確に捉えることができるよう配慮されています。

イギリスで見られるホテル格付け基準のように、1スターを丁寧に規定し、追加条件として上位クラスを規定するボトムアップ型の基準構成とは対照的に、フォーブスのサービスクオリティー調査では、通常多くのサービス及びその他高い提供力が求められる4スター以上について、トップクラスのホテルとはどのようにあるべきかに焦点を当てており、文字通りトップダウン型の基準構成となっています。1スターについては、適切な服装、態度が要求され、2スターでは、24時間対応のフロントスタッフについて、笑顔と併せてアイコンタクトがあること、レストランはオールデイダイニングが可能なことを求めます。3スターでは、顧客の要求があればターンダウン・サービスが提供できること、バレーパーキングサービスが可能なこと、ルームサービスがあることが必要とされます。サービスクオリティーが重視される4スターからは、顧客の名前を適所で思慮深く使用していることや、到着から宿泊手続きが完了するまで5分以内で顧客対応がなされていること、ベッドは豪華で豊富な種類の枕が設置されていること、ベッドカバーは華麗な模様が施され、質の高いものであること、ダイレクトリーに使用されている紙質は上質なものであり、ホテル全体の質感とバランスが取れたものが採用されていること、ターンダウン・サービスは徹底して取り組まれていること、ルームサービスは適切に復唱されるオーダーから始まり、30分以内に提供されていること、ウェークアップ・コールは自動音声ではなく、実際のスタッフが顧客の名前を使用して行われるパーソナル・サービスとなっており、顧客から指示された時間の2分以内に提供できていること、コンシェルジュデスクは分かり易く独立して設けられていること、スパ部門がある場合には、顧客が予約した施術開始時間から終了時間まで5分とズレがないこ

と、カジノがある場合、20分以上のスロットプレイ、15分以上のテーブルゲームにはドリンクサービスを提供すること等、多くの規定を設けています。さらに5スターホテルでは、4スターに求められる前記内容に加えて、スタッフの高い接遇力と会話力、個々のスタッフが所属部署に関連する事項を十分に記憶し理解していること、全てのサービス提供が滞りなく流れること、少なくとも2種類以上の新聞が提供されていること、ルームサービスは24時間対応であること、プールがある場合、適切にセットアップされた椅子まで顧客を丁寧にエスコートすると同時に、90分以内に体を温めることができること、さらに、ミネラルウォーターやフルーツジュース等の提供が適宜なされていること等が求められています。

　このようにアメリカのホテル格付け基準は、民間企業によるもので、個々の機関が有している顧客会員組織に対する情報提供を主たる目的としていることから、顧客ニーズにどれほど対応できているかを評価しています。アジア諸国の格付け等、他国の格付け制度の多くが政府主導のものであり、国際観光産業の健全な発展や業界育成等、様々な目的を有しているのとは対照的であり、徹底して顧客視点が貫かれています。その結果として、アメリカのホテル格付け基準の構成は、顧客の事前期待がより強いトップクラスのホテルに対しては、「パーソナル・サービス」を軸に多くの評価項目が設けられており、顧客がホテルに対して事前に何をどこまで期待できるのかを明確に伝えるものとなっているのです。

　フォーブスのホテル格付け基準は、ホテル、レストラン及びスパに対してスター格付け（1スターから5スター）を行い、4スター以上の可能性があるホテルについては、AAAと同様に、さらにサービスクオリティーに関する項目数550以上に上る詳細な調査が行

われるというものでした。AAAと同様に、フォーブスのホテル格付け基準も、民間企業によるホテル格付けならではの顧客視点が貫かれていました。アメリカにおけるホテルの格付け基準は、国際観光市場の発展等、様々な目的を含んだ政府主導のホテル格付け基準と対照的で、ホテルの利用者側が、事前に何を期待できるかを純粋に示そうとしています。AAAによるスター格付けでは、トップクラスのホテルに対して「エッジの効いた最新のデザイン性と機能性」を重視していました。同様に顧客視点を貫いているフォーブスが、トップクラスのホテルに対して何を重視しているのかを見てみたいと思います。

顧客側の事前期待はスターカテゴリー別に異なるはずです。フォーブスは、1スターについては、適切なサービス、維持管理の徹底した施設の設えを有しつつも、施設構成がシンプルであり、値ごろ感のあるホテルとして「Value experience」を重視しています。2スターでは、1スターの基準をクリアしつつ、フルサービス・レストランがあり、「より広範囲なサービス提供と快適性」を重視しています。2スターからビジネスセンター、インターネットアクセス、メールの受送信が可能であること、またサービスクオリティーに関しては笑顔とアイコンタクトある接遇を求めます。3スターでは「旅行者に対する十分なサービスと高いレベルの快適性」を重視しています。ベッドのターンダウン・サービスやバレーサービス、当日ランドリーサービス、ルームサービス、施設ではフィットネス施設が求められます。4スターから5スターとなりますと、より高いサービスクオリティーが求められます。サービスクオリティーの調査は徹底しており、予約時、到着時（1分以内に案内）、出発時、コミュニケーター（PBXオペレーター）、ルームサービス、朝食サー

ビス、バー、レストランサービス（お勧めを聞かれれば3メニュー以上答えること等）、その他ハウスキーピング、ターンダウン・サービス、ランドリーサービス、ビジネスセンター、ゲストサービス、コンシェルジュについて、それぞれ接遇マナー、パーソナル・サービス提供力、効率性、スタッフの風貌等を確認しています。そこでのキーワードを見てみますと、4スターでは、「パーソナル・サービスとラグジュアリー空間」を、また5スターでは、徹底された「flawless service（完璧で欠けたところのないサービスであり、以下「フローレス・サービス」という）」を求めています。顧客ニーズを重視しますと、サービスクオリティーに対する評価が避けられません。その結果、格付け評価に調査員の主観が介在してしまいます。そのリスクをフォーブスでは2泊3日という長い調査時間とトレーニングを積んだ調査員を採用すること、さらにストップウォッチ等客観性を担保する為の装備を利用することで、可能な限り主観を排除した適切な評価がなされるよう工夫しているのです。

　以上のとおり、フォーブスではトップクラスのホテルに対して、フローレス・サービスを要求しています。ホテルの利用を顧客視点に立って解釈すれば、顧客によるホテル体験とその結果である記憶の積み重ねとして捉えることができます。異なる客層のホテル利用目的（文脈）や背景に応じたサービスが、終始徹底して追求されているのです。この概念は、パーソナル・サービスを含めてより広い概念であり、パーソナル・サービスが切れ目なく流れる様を要求しているのです。

　前記のような意味で、このフローレス・サービスという概念を捉えますと、それが実現できているホテルとは、ある意味で顧客にとって劇場に違い心理的効果を与える可能性があります。なぜならその

ようなサービスは、顧客の感情を強く揺さぶるはずだからです。ホテルの利用は、顧客にとって様々な局面で「葛藤と解決」を繰り返しています。チェックイン前には、ホテル選択時の「葛藤」と選択時の「解決」、選択後目的地に向かう間の「葛藤」、ホテルに到着した時の「解決」、客室に到着するまでの「葛藤」、客室で寛いだ時の「解決」、ディナーの選択という「葛藤」と実際に食する時の「解決」、ふと仕事のメールを確認したい「葛藤」とビジネスセンターでの「解決」等です。この「葛藤」と「解決」の繰り返しの中で、感情は大きく揺さぶられるのです。例えば映画や演劇でも同様の構成が見られます。大きな目的である「テーマ」があり、小さな「葛藤と解決」を繰り返しつつ、テーマに沿ってストーリーが流れています。その小さな「葛藤と解決」を契機とする感情の積み重ねが、設定された壮大なテーマの最終的な「解決」を待って感動に至るのです。

　このように顧客を感動させるフローレス・サービスは、個々の顧客のホテルの利用目的、文脈を把握してこそ初めて可能となります。さらに言いますと、ホテルはこの「葛藤・解決」を、ホテル、顧客、他の顧客（客層であり、社会的環境）の３要素という登場人物、ハードウエア、ソフトウエア、ヒューマンウエアの３要素による舞台で流れるように提供しているのです。フォーブスによるフローレス・サービスが、このようなアート性まで包含した概念なのかは分かりませんが、仮に文字通り、徹底した完璧なサービス提供を実現し、それを流れるように提供し続けることができるのであれば、顧客にとっては記憶に残る大きな体験となるはずです。

■ニュージーランドのホテル格付け制度

　Statistics New Zealand（2014）によると、ニュージーランドに訪れる外国人観光客数は、2014年3月期で2,752,257人（対前年比＋5.4％）であり、隣国であるオーストラリアからの観光客数が最も多く1,221,152人（全体の44％強）、次いで前年比約＋14％で増加している中国（全体の8.7％）、その他アメリカ、イギリス、ドイツ、日本、韓国、カナダと続きます。観光目的は1,303,776人と最も多く、全体の約47％を占めています。次いで友人や親戚訪問目的が876,768人で約32％と、この二つで全体の79％を占めています。ビジネス目的は262,672人と全体の9.5％です。平均滞在日数は平均8.8日で、長いという特徴があります。アジアからの観光客は滞在日数が短く、一方で欧米からの観光客は長期滞在という特徴があります。特にドイツ人の平均滞在日数は長く、平均25日となっています。また長期滞在観光客が多い為か、レンタカーを利用する人が多いという特徴があります。様々な国から様々な滞在日数や目的により顧客が訪れるため、利用される宿泊施設は、ホテル、モーテル、バックパッカー用ホステル、サービスアパートメント、ベッド＆ブレックファースト、ラグジュアリーホテル等、多種多様となっています。このようなニュージーランドの観光市場を反映し、Apartment（サービスアパートメント）、Holliday Park（キャンプ場）、Backpacker（ユースホステル）、Hotel、Bed & Breakfast（朝食付き宿泊施設）、Motel、Boutique & Lodge（小規模なブティックホテル）、Guest & Hosted（ホストがもてなす宿泊施設）、Holliday Home（貸別荘）、Luxury Lodge等、様々な施設カテゴリーに分けて宿泊施設の品質評価が行われています。

ニュージーランドの宿泊施設に対する品質認定は、2001年に政府観光局とニュージーランド自動車協会により設立された「クオールマーク・ニュージーランド・リミテッド」による「クオールマーク」制度（Qualmark）として運用されています。前記のとおり、様々な宿泊施設カテゴリーに応じて品質認定が行われているので、利用者側にとっては、どの施設カテゴリーの「クオールマーク」を得ているかにより、滞在目的に応じた施設選択が容易にできるのです。また施設カテゴリーに応じて顧客が求めるサービスレベル、施設レベルを基準化することにより、目的に応じた適切な評価が行えるよう工夫されています。同国品質認定の流れは、ホテル側の任意且つ費用負担により事前に自己評価を行い、その後の調査員による調査・確認を経て最終的な評価がなされ、「クオールマーク」の使用が可能となるというものです。ニュージーランドの「クオールマーク」は、特に官民一体となった取り組みという点に意義があり、顧客視点に立った評価がなされ、品質認定の過程で調査員から運営上のアドバイス等も受けることができます。また「クオールマーク」を取得した宿泊施設は、政府観光局による宣伝等、海外市場の門戸を開けることができます。ニュージーランド政府にとっても、カテゴリー別の宿泊施設ストック数の把握や国内観光市場の品質把握に繋がり、国際観光産業育成にも活かされています。品質認定は、年に一度再評価を受ける必要があるほか、顧客側から見て、当然に具備すべきと思われる品質については、最低限クリアしないといけない項目として設けられ、それらをクリアして初めて、品質認定基準に沿った施設側の自己採点に進めるという方法を採用しています。顧客視点に立脚する為、個別評価項目に対する評価値（1〜5点）をさらにウェイト付けする仕組みも取り入れられています。また品質認定基

第二章

準の最後には、適切な料金設定と表示等の遵守すべき倫理規定も設けられています。このようにニュージーランドの「クオールマーク」制度は、国、宿泊施設、利用者側それぞれにとって、メリットがある仕組みとして工夫されており、注目されるべきホテル格付け制度の一つになっています。

　以下では、ニュージーランドの宿泊施設の中でも最高峰と位置づけられる「ラグジュアリー&ロッジ」の品質認定基準を見てみたいと思います。このカテゴリーでは、調査員による試泊調査が行われます。このカテゴリーに対する認定基準を俯瞰しますと、客室数は25室未満であること、ユニークであり且つニュージーランド流のおもてなしが感じ取られること、顧客が十分にリラックスし、リフレッシュできる内容であること、個々の顧客の好みの確認を含めて高度なパーソナル・サービスが提供されていること、自然環境との調和等、ニュージーランドの自然環境に対する十分な配慮があること等が定められています。具体的には、チェックインではウェルカム・ドリンク類の提供等のサービスから始まり、施設全体の案内の有無、従業員にはパーソナル・サービスが提供できるだけのトレーニングがなされていることや、チェックアウトでは客室からの荷物の移動等、サポートがあること、適切かつ十分な安全設備が備わっていること、アミューズメント等、外部委託先が介在する場合には、施設内と同様のパーソナル・サービスが当事業会社からも適切に提供されていること、高いレベルのニュージーランド料理が提供されていること等が重視されています。このように、「ラグジュアリー&ロッジ」では、サービス面を重視した基準が設けられており、調査員の主観の介入という課題もありますが、敢えて顧客が期待しているであろう宿泊体験を確認するという手続きを取っているので

す。参考までに、様々設けられている宿泊施設カテゴリーの中で、朝食付き宿泊施設「ベッド＆ブレックファースト」についてもその品質認定基準を見てみますと、当該カテゴリーにおいても同様に、サービス面（顧客配慮項目）に最大のウェイト付けがなされていることから、品質認定制度としては一貫した顧客視点が窺えます。

　ニュージーランドの品質認証制度は、スター認定による5段階評価が採用されています。この「スター」という表象を使用するという意味において、世界で見られるホテル格付け基準における5スターの要求定義との整合が求められる可能性があります。ニュージーランドでは、様々なホテルカテゴリーに分けて5スターが設けられているため、その「5スター」が何を意味しているかについて、十分な定義付けが必要となっています。またホテル事業会社側で、なぜそのような評価項目が必要となるのかに関する説明も、可能な限り基準内に盛り込まれているので、ホテル側の運営バイブルともなっているのです。

■オーストラリアのホテル格付け制度

　Tourism Research Australiaによると、2013年度にオーストラリアを訪れた外国人観光客数は6,381千人であり、対前年比で約＋6%でした。特にニュージーランドからの観光客数が多く約1,193千人、また中国からの観光客数が約709千人（＋14%）と増加傾向にあります。オーストラリアは広大な国土に、特色ある自然を背景とした豊富な観光資源を有しています。1993年のシドニーオリンピック開催決定以降、2000年の開催年度を介し、安定的にインバウンド市場を成長させてきました。今後の政府予測では、

第二章　世界のホテル格付けトレンド

世界経済が安定的な成長基調にあることや同国の為替動向、東南アジア、中国、中東からの観光客の増加傾向も鑑み、インバウンド市場全体として成長率＋3％から＋5％と、益々の市場拡大を予測しています。

　オーストラリアのホテル格付け制度を見ますと、同国のホテル格付けはAAA Tourism、STAR Ratings Australiaにより運用されており、様々なホテルカテゴリーに応じて、約1万件の宿泊施設に関する格付け情報が提供されています。オーストラリアのホテル格付けは、1スターから5スターの5段階で評価し、また「5スター」を、「全てのオペレーションで高いレベルのパーソナル・サービスを提供するとともに、細部にわたってきめ細やかなデザイン的配慮がある施設」と定義しています。この5スターの定義は、特に欧米に見られる格付け基準における5スタークラスの要求定義とも整合する内容となっています。実際の格付け評価においては、大きく(1)「施設・サービス」、(2)「清掃状況（清潔感）」、(3)「クオリティー・コンディション」の3項目に分けて、それぞれについて評価項目のチェックが行われています。(2)「清掃状況（清潔感）」については、1スターから等しく高い水準が求められており、(1)「施設・サービス」、(3)「クオリティー・コンディション」の差異が、1スターから5スターの格付け格差に繋がっています。顧客側の期待や体験面を格付け基準に取り込む為に、評価項目に対しては、重要度に応じた加重計算がなされています。またそのウェイト付けの根拠としては、オーストラリア政府が関与する観光市場の研究機関であるSustainable Tourism CRCによる顧客ニーズ調査を参考としており、加重計算上、客室評価とバスルーム評価が重視されています。

オーストラリアのホテル格付け基準は、ベッドルーム、バスルーム、客室内設備、レクリエーション施設、料飲施設、ゲストサービス、建物・外観に分けて、それらの中でさらに詳細評価項目を設けており、施設・サービス、清掃状況（清潔感）、クオリティー・コンディションをチェックするというものです。評価項目ごとに「優れる」と判断される内容を見てみますと、（ゲストサービスについて）365日、24時間常駐スタッフがいること、顧客からのコンプレイン等、フィードバックをシステムとして有していること、ビジネスセンターにはコンピューター等が備えられていること、ハウスキーピングは24時間利用可能であること、（レクリエーション施設について）プールは最低限15m×5mのサイズがあること、（パーキングについて）バレーサービスが利用可能であること、（ルームサービスについて）24時間利用でき、3ミール以上提供されていること、ミニバーではアルコール類、ノンアルコール類等が取り揃えられていること、（ベッドカバーについて）330スレッドカウント以上あること、（ベッドについて）キングサイズ（2,030mm×1,830mm）以上であること、（客室窓について）適切に眺望が確保されると同時にプライバシーも確保されていること、（客室内自由スペースについて）客室内には最低12㎡の自由スペースが確保されていること、（客室内絨毯について）十部な深さのある質感の高い絨毯が採用されていること、（客室内テレビ等について）テレビサイズは42インチ以上であること、インハウス・ムービーが提供されていること、（その他）電子ルームキーが使用されていること、エレベーター制御等により適切にアクセス制限が設けられていること、全室禁煙ルームとされていること、（バスルームについて）バスタブ・サイズは最低1,300mm×600mmとし、シャワースペース

と分離されていること、洗面スペースは十分に確保されていること（最低400mm × 250mm）、バスルームアメニティは５種類以上設置されていること等と定められ、さらに５スタークラスにはそれぞれの項目に高いデザイン性が求められています。また清掃状況（清潔感）については、気になるような清掃の瑕疵、汚れや傷みが５ヶ所以上あると問題視され、３ヶ所未満でおおむね問題なし（Light Problem）とされています。

　ハードウエアに対しては、細かな規定を設けつつ、ソフトウエアに対する評価は、清掃状況（清潔感）を軸に、様々なサービス提供内容を確認しています。顧客ニーズ調査結果を背景に、パーソナル・サービスを重視すると同時に、高いデザイン性を求めており、それら主観的評価項目の要求定義については、ベンチマークとなるような画像を提供して対応しています。ニュージーランドの「クオールマーク」制度でトップクラスとされる宿泊施設カテゴリーである「ラグジュアリー＆ロッジ」と同様に、オーストラリアの「５スター」は、個々の顧客の好みの確認を含めて高度なパーソナル・サービスが提供されていることを要求しています。具体的には、チェックイン時にウェルカム・ドリンク類の提供等のサービスや施設全体の案内の有無を確認し、従業員にはパーソナル・サービスが提供できるだけのトレーニングがなされていること、チェックアウト時には、客室からの荷物の移動等サポートがあること、アミューズメント等外部委託業者が介在する場合には、施設内と同様のパーソナル・サービスが、当該業者からも適切に提供されていること等が重視され基準化されています。オーストラリアのホテル格付けでは、パーソナル・サービスを「５スター」の定義の中で掲げ、重視しつつも、判断基準がやや不明瞭という印象を受けます。ニュージーランドを始め、

オーストラリアにおいても、基準の明確化の度合いは異なるものの、「デザイン性」と「パーソナル・サービス」はトップクラスのホテル定義の軸となっており、この2点を重視するのが世界的なホテル格付けの潮流のようです。このパーソナル・サービスについては、ヨーロッパの複数の国を取り込む統一的ホテル格付け基準(HOTEL STARS.EU)を始め、世界で見られる多くのホテル格付け基準においても同様の傾向が窺えます。そして現在、この「デザイン性」と「パーソナル・サービス」の定量的評価が大きな課題となっています。トップクラスのホテルを利用する顧客は、顧客側の自尊心を刺激するようなサービスや質感、企業として見た場合にそのホテルが有するサービス哲学の有無や環境配慮を始めとするCSRの取り組みを重視する傾向があることが報告されており、今後それらの取り組み内容について、どのようにホテル格付け基準に取り込むのか、その必要性と方法の確立が重要課題の一つとなりつつあります。

■ドイツのホテル格付け制度

　ドイツの人口は約8,000万人強（2012年）、国土は日本の約94％ですが、国際会議開催件数では世界トップクラスを誇っており（2012年度は米国に次いで577件と世界第2位、ICCA）、外国人観光客数においても3,000万人を超える観光大国であります。2012年度の国別観光客数では全体の約76％をヨーロッパからの観光客が占めていますが、今後は益々アジアからの観光客の増加が期待されることから、一層の市場拡大が予想されます。

　ドイツのホテル格付け制度は、1996年からDEHOGA（ドイツホテル協会）により運用が開始され、1スターから5スター

の5段階評価を行っています。DEHOGAでは2スターの定義を「Standard」、3スターを「Comfort」、4スターを「First Class」、5スターを「Luxury」としています。ドイツのホテル格付けは、ホテル側の自由参加であり、基準は主観性を排除した客観的評価項目から構成されています。ミステリーショッパーによる施設調査が行われますが、ホテルの規模やカテゴリーに応じて調査時間は異なります。評価に当たっては、以下の六つのホテルカテゴリー別（※）に、重要度に応じて加重が与えられた230項目を超える調査項目に沿って行われており、ポイント合計点数がスターカテゴリー毎の基準点をクリアすれば格付け認定される仕組みをとっています（※①建物／客室、②備品／家具、③サービス、④アウトレット／レジャー施設、⑤その他アレンジメント項目、⑥会議施設、ポイント数では、備品／家具のポイント数が最も多く、次いでサービス、建物／客室と続きます）。

　ドイツ現地でのホテルインタビューでは、ドイツの格付け基準を肯定的に捉えているホテルが多いようでした。それはドイツのホテル格付け基準が、特にサービス評価において主観性が排除され、調査対象サービスの良し悪しを含めて評価するのではなく、必要なサービス内容の提供の有無を中心としたものであることから、客観的に評価可能なものであること、また多くのホテルが3スター以上の認定を受けていることが影響しているようでした。2011年時点で3スターだけで全体の約60%、また全体の約29%が4スターであり、3スターと4スターの合計で全体の89%を占めています（フランスでは2003年時点で3スターと4スターの合計ホテル数割合は約36%）。ここで例えば3スターの基準の概略を見てみますと、その他詳細項目もありますが、客室はシングルが14㎡以

上、ダブルが18㎡以上、フロントサービスは12時間以上提供され、要求に応じてバスローブの提供がある他、拡大鏡の設置やヘアドライヤーの設置、その他リクライニングチェアー、ランドリーサービスの提供、ホテル内にレストラン及びバーが設置されていること等が定められています。4スターではシングルが16㎡以上である他、ミニバーの設置等が定められ、5スターではシングルが18㎡以上、ダブルが26㎡以上である他、フロントサービスは24時間と定められています。実際に4スターの認定を受けているホテルを調査してみますと、当該ホテルの客室は、広さ自体は十分なのですが、客室エアコンディショナーが機能しておらず、エレベーターも設置されていません。その上フロントエントランスは夜間施錠が掛けられ、ルームサービスも提供されていませんでした。同国のホテル格付けでは、フルサービス型ホテルとそれ以外とで最低獲得要求点数が異なります。本ホテルはフルサービス型ホテルではなかった為、サービス面では十分な得点を得られなくとも、多くのポイント数を施設面でカバーすることで、ホテル全体として、最高ポイント合計点数の約35％強を獲得するという要件を満たし、4スター認定が受けられていたのです。他国で見られる基準のように、デザイン性や「パーソナル・サービス」をトップクラスのホテルに求めるスタンスとは明らかに異なっています。

　そもそもパーソナル・サービスとは具体的に何を意味しているのでしょう。本来それは、単に顧客の名前を使用した接遇サービスを行うということではありません。実際に顧客の名前を使用したサービスが高く評価される場面とは、ウェークアップ・コールで自動音声によるマシーン・サービスではなく、スタッフによりウェークアップ・コールが行われる時、チェックアウトの時、あるいはレストラ

ンの予約をした顧客が、レストランに訪れた時等が該当します。現在の外部環境は情報に満ち溢れ、市場は逆にプライバシーを求める傾向すらあるのです。そのような環境にあって、ホテル側の十分な配慮がパーソナル・サービスには求められており、顧客側がそれを期待する場面において提供される的確な「人」対「人」のサービスこそが「パーソナル・サービス」なのです。

　ドイツでは格付け基準が主観性をできるだけ排除し、また厳しすぎず優しすぎないフェアな内容となっている為、ホテル格付け制度がある種ホテルの「パートナー」として位置付けられています。一方で「スター」を使用してホテル格付けを行う以上、サービス提供内容だけではなく、サービス提供レベルに関しても顧客は期待しており、事前の顧客期待と実際のサービスレベルのギャップが課題となっています。顧客側の情報ニーズを格付け基準内に取り込む為には、顧客が「どのよう扱われているのか」、その期待値を情報として示す必要があります。具体的にはホテル側のサービスが顧客の依頼に対して正確かつ迅速に提供されているか、顧客側の感情や行動を事前に予測し適切なサービスが提供されているか、顧客を取り巻くホテル内の環境や質感等、ハード面のメンテナンスが十分に行き届いているかを客観的かつフェアに評価する必要があるのです。言い換えますと、顧客に対するホテル側のコミットメントであり、「Engagement」のレベルの高さを評価し示すことなのです。個々の顧客に対して高いレベルの「Engagement」があれば、そのホテルは事前の顧客期待を大きく裏切ってしまうことはないでしょう。そしてこの「Engagement」のレベルが、顧客側の体験として快適性や機能性として認知されるのです。顧客側の情報ニーズを重視しつつ、フェアな評価を行うホテル格付けとは、

顧客の期待「Expectation」に対するホテル側のコミットメント「Engagement」の評価を基礎にし、クラスの高いホテルに対しては、さらにエコ対応やデザイン性の高さ、CSR対応、企業理念の有無、そして全体を通じたハードウエアとソフトウエア・レベルのバランスにも留意し確認するという構成が望まれるのです。

最後に、ドイツで試泊調査を行った「4スター」ホテルでは、チェックアウト時に「また来るよ」と言うと「I know you will be back if you were satisfied（もし満足してくれたならまた会えるね！）」と即座に返ってきました。ホテル側が自信をもってサービスを提供し、その結果顧客が満足すれば、間違いなくその顧客はいつの日か戻って来てくれるはずだという強い信念が感じられます。ドイツのホテル格付け制度が、このような自信や信念すらホテル側に与えているとすれば、その制度には大きな意義があるのかもしれません。

■世界のホテル格付け制度まとめ

ホテルは実際に宿泊し、ホテルを体験してみないことには、その良し悪しは分かりません。昨今では多くのホテルチェーンがボーダレスにブランド展開しており、またインターネットの口コミコメントでも、格付け情報に代わる利用者の声に触れることができます。ホテルの格付け評価を行う為には、調査員やその宿泊費用等、ファイナンスも大きくかかります。様々な情報が溢れ、それらが容易に手に入る現代社会において、費用対効果という観点から、ホテル格付け制度を停止した国もあります。もはやホテル格付け情報は必要ないのではという声も聞こえてきます。

一方で、口コミコメントは支払う料金との関係で、相対的評価に偏っ

ている可能性があること、同一ホテルブランドでも場所によって、そのサービスレベルに差異が見られることから、そのような情報源のみで判断した場合には、事前の期待と実際の体験との間に問題となるようなギャップが生じることがあります。したがって、やはり絶対基準に基づく客観的な第三者によるホテル格付け情報は有用であるとの意見が依然として多く聞かれます。。また海外からの観光客にとっては、その国で滞在するホテルの良し悪しが、訪れた国の印象を大きく左右するので、ホテルを安心して利用してもらえるよう、ホテルサービスの不透明さを「見える化」するホテル格付け情報は、非常に重要なソフト・インフラとなっています。ホテル格付け情報は、自国の利用者に対する情報源にとどまらず、より一層に国際観光産業を活性化させる為にも有用と言えます。

　これまでいくつかの国のホテル格付け基準をご紹介してきました。ホテル格付けは、大きく分けて、国が主導する国家制度化されたホテル格付けと、米国を代表とする民間主導型のホテル格付けの2パターンがありました。それぞれ微妙に目的が異なり、前者であれば、多くのケースで国際観光産業が成長産業として重視されており、海外からの観光客に対する適切な情報提供及び安全性の提供を両立させることを主眼としていました。国家制度化された基準と対照的なのが、民間主導型のホテル格付けです。それらはホテルの利用者側にとって、事前に何を期待できるかを純粋に示そうとしていました。米国のAAAによるスター格付けでは、トップクラスのホテルに対して、「エッジの効いた最新のデザイン性と機能性」を重視していました。また同国のフォーブスは、5スターのホテルに対して、完璧で継ぎ目なく流れるサービス、「flawless service(フローレス・サービス)」を要求していました。

またホテル格付けについては、大きな流れとして、国際的なホテル格付け基準統合の動きがあります。1952年に「International Union of Official Travel（現 World Tourism Organization、WTO）」が、ホテルの格付け（Hotel classification）に関する議題を取り上げ、その後1985年にWTOとしてホテル格付けに関する研究プログラムを開始しています。それと並行して「Hotels, Restaurants & Cafés in the European Community (HOTREC)」が顧客ニーズに合致するホテル情報に関する調査研究を始めました。これら調査の結果、1988年には統一基準を擁することで、ボーダレス化するレジャー産業の発展に貢献する可能性があるとの判断がなされます。その後多くのヨーロッパ諸国を巻き込みつつ、ホテル格付け基準の統一化を目指すことになりました。その他同様の取り組みには、1976年からスタートを切ったアセアン加盟10ヶ国によるホテル格付け基準（スター制1スターから5スター）の開発や、西アフリカの15ヶ国（The Economic Community of West African States）によるホテル格付け等の活動があります。これら統一基準模索の動きに対しては、実現可能性という観点から非常に難しいという意見や、それぞれの国、地域に関する個別性を軽視した統一的格付け基準では、逆に必要な情報が提供されず、有用性の低い情報に利用者やその他関係者が振り回されることになりかねないとの指摘も出ています。

　ホテルの格付け基準は、個々の国の特異な環境が反映されており、いわばホテルマーケットの写し鏡です。言い換えれば、その国ごとに、アピールできる強みも反映されるべきなのです。ボーダレス化する国際観光市場に対応することと、個別のマーケットを反映することとを両立する為には、今後も多くの工夫が必要で、まだまだ時

間がかかりそうです。

　国家制度化されたホテル格付け基準は、主としてハード面に重点を置いている一方で、顧客視点を重視する民間主導型ホテル格付け基準では、サービス面に重点を置いていました。また前者は、特に１スターから３スターの安全性を手厚く配慮している一方で、後者はトップクラスのホテルに対して、何が期待できるのかを提供していました。さらに前者は基準の見直しに時間がかかり、やや硬直的である一方、サービス面を重視する後者は、都度顧客ニーズを調査し、柔軟に対応していました。

　一方で世界のホテルの格付け基準には共通点もあります。それは細かな要素に分解する手法を採用している点です。ホテルが提供している様々なサービスは、ハード、ソフト、ヒューマンを介して提供されており複雑です。様々な要素と要素との結合の効果を捉えようとしたり、個別ではなく全体をどのように評価するかという、大きな視点でホテルを捉えようとすると、主観に左右されるだけではなく、捉えどころがなくなり、評価基準自体が作成できません。そこで複雑な事象を分析する時によく利用されるのが、分析や検討を可能にする次元まで細かな要素に分解する手法です。また格付け基準の多くは、ホテルを利用する目的別の評価視点も欠如しています。ホテルを利用する側の顧客がどのような目的を有しているかによって、求められるサービスの内容と質は異なります。この顧客視点の評価に関連して、実際のサービスの現場では、ホテル側がコンセプトを設けることで顧客視点でのサービスの提供を行っています。つまり全ての顧客に対して、その異なる目的に対応することは不可能なのです。したがってホテル側がコンセプトを掲げることで、同様のコンセプトを求める顧客に対しては、その顧客の利用目的に沿っ

たサービス提供を保証しているのです。そのコンセプトと整合し、それを強化するサービスや体験を積み重ねることで、そのコンセプトに共感する顧客の体験を十分にコーディネートすることが可能となるのです。ホテルでの体験をコーディネートする視点と、このコンセプト・メイキングは表裏の関係にあり、切り離すことはできないのです。世界で見られるホテル格付け基準は、まだこのコンセプト自体の評価と、コンセプトとサービス内容の合致までは考慮に入れられていないようです。このように考えますと、世界のホテル格付け基準もその多くは改善の余地があるか、まだまだ黎明期であり長い目で見ないといけない分野と言えるのかもしれません。

第三章
ホテル・旅館格付け等のための基礎理論

第三章　ホテル・旅館格付け等のための基礎理論

　まずはホテル格付けのスターカテゴリーに対して、顧客が有するホテルの「イメージ」について調査した結果をご紹介します。

　最初に各スターカテゴリー別ホテルのイメージと好印象なサービスや設営（ハードウエア）との関係を調べてみました（全国の男女200名に対するインターネットアンケート調査、2017年3月実施）。その結果、以下のように、顧客のイメージとして5スタークラスのホテルは、1泊につき、5回以上好印象なサービスや設営が期待できるホテルであり、4スタークラスのホテルは同じく4回以上、3スタークラスのホテルは同じく3回以上、2スタークラスのホテルは同じく2回以上、1スタークラスのホテルは同じく1回以上と、好印象な体験とホテルイメージはリンクしていたのです。

　次に、各スターカテゴリー別ホテルと「泊数」との関係についても調べてみました（各スターカテゴリー別に何泊して良いと感じるか）。その結果、以下の通り、1スタークラスのホテルでは1泊が多く、2スタークラスのホテルでは2泊、3スタークラスのホテルでは3泊、4スタークラスのホテルでは4泊、5スタークラスのホテルでは5泊と、ホテルスタークラスと泊数とのリンクも見られました。

　最後に、スタークラスとは別に、どれほど実際に「良いホテルと感じるか」という問いについて見てみますと、好印象体験が2回では、対1回で「良いホテルだと感じる」人の割合が＋33.3％増加し、3回では対2回の＋137.5％と大きくその比率が上昇していました。また4回では、対3回の＋63.2％、5回では対4回の＋23.7％という結果であり、好印象なサービスや設営（ハード）に触れる回数が増加すると、それに比例して印象が良くなるわけではなく、特に好印象体験が2回と同3回との間で印象の向上が最も大

きくなっており、次いで同3回と同4回との間でも、強く印象に影響を与えているという結果でした。

■ホテルマネジメントとホテル・旅館格付け等

以下では、ホテルマネジメントから前記ホテル・旅館格付け等の意義を改めて考えてみたいと思います。ホテルマネジメントの特徴及び課題点は、「サプライチェーン」の観点から俯瞰することで確認することができます。

現状の全国宿泊施設のバックグラウンドを大雑把ではありますが再度まとめてみます。全国宿泊市場では総じて季節性が高く、インターネットが未成熟の時代は、長らくリアルエージェントの紙媒体で宿泊体験のブランディングがなされてきた経緯があります。そのため、個別施設のブランディングがやや遅れている傾向が見られます。昨今の観光市場では、事前の期待感自体が満足に直接繋がっていると同時に、それは他の利用者による事後評価の影響を瞬時に受ける傾向が見られ、顧客の事前期待と他者による事後評価は強く結びついています。さらに顧客の事前期待は、当該顧客の事後評価により、次の顧客の事前期待に繋がり、体験が連鎖するという特徴があります。

「サプライチェーン」という概念とは製品を作る当初のブランディングから製品が消費者に届くまでの一連の流れであり、企業内に留まらず、他企業を包含し、効率化を目指すマネジメントを目的としています。一方で、「バリューチェーン」は、価値に着目し、製品を作る当初段階から製品が消費者に届くまでの一連の流れの中で、付加価値を与えつつ最終的には顧客側へ大きな価値を提供しようと

第三章　ホテル・旅館格付け等のための基礎理論

する経営戦略となります。

このような環境にあって、ホテルの「サプライチェーン」を例示しますと以下の通りとなります。

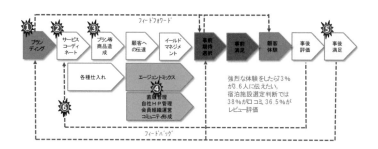

前記のとおり、昨今はインバウンドの増加及び法人や団体旅行よりも個人手配の個人客が増加しており、個人客を中心としたオペレーションが重要性を増しています。そのような環境において、付加価値を付与するポイントを大きく六つ整理してみます。
(1)顧客側の事前の期待を引き上げるブランディング。
(2)ブランドが表明するメッセージやコンセプトを現場に落とし込むためのハードウエア×ソフトウエア×ヒューマンウエアコーディネート。
(3)「サプライチェーン」に付加価値を付与するプランの造成。
(4)付加価値を付与するための、エージェントとの価値共創関係の構築。
(5)チェックアウト後の事後満足を引き上げる事後ケア。
(6)事後評価が望ましいものではない場合に、瞬時に情報を現場にフィードバックし、ハードウエア×ソフトウエア×ヒューマンウエアのコーディネートを再構築すること。

これら六つの競争力を引き上げることが、ホテルの「サプライチェーン」を「バリューチェーン」に引き上げ、体験に付加価値を与え、差別化要素を構築するきっかけとなります。また「フィードフォワード」×体験後の「フィードバック」を、システムとして還流させる仕組みを構築することで、常に顧客ニーズを反映させ、顧客体験及び満足度を向上させ続ける長期的に持続可能な事業組織の実現に繋がるのです。

　前記のとおり、(1)～(6)を具体的にアクションプランとして現場に落とし込む必要があります。まず(1)のブランディングですが、ターゲット顧客の属性や宿泊ニーズに合致し、事前の期待感に繋がるようなブランドメッセージやブランドコンセプトを事前表明します。ここで重要な視点は、具体的に現場レベルでサービスをコーディネートする前に、はたしてそれらブランドメッセージやコンセプトが、実際に顧客体験として提供することが可能であるのかについて、ブランド開発時点で意識していく必要があります。仮に提供が不可能なコンセプト等を表明してしまいますと、SNS等高度なネットワークの中で、事後評価が事前期待に即座に反映される時代ですので、望ましくない結果に繋がります。

　次に(2)でのポイントは、ブランドメッセージやコンセプトは、ハードウエア×ソフトウエア×ヒューマンウエアのどれか一つで表現するのではなく、それら３要素に等しく落とし込み、現場で表現する必要があります。顧客は３要素を個別に判断しているわけではなく、仮にそれら３要素にバラツキがある場合には、そのバラツキが生じていること自体を「顧客配慮の欠如」として認知してしまい、結果として最もレベルの低い要素レベルに引きずられて総合的な体験評価をしかねません。また、一つの体験が次の体験の期待に影響を与

えてしまいますので、関連するシーンである、ロビー⇒客室、バスルーム⇒大浴場、夕食⇒朝食等では、そのレベルがおおむねバランスしている必要があります。ホテルや旅館の印象には、事前の期待値とその後の評価が強く影響を与えますので、事前の期待値及びその期待値に沿ったサービスが提供できているかを検討する必要があります。

(3)「サプライチェーン」を「バリューチェーン」に引き上げる上で、どこかで付加価値を付与する必要があります。特別なサービスを実際のシーンで織り込むのか、ハードウエアを超え、地域と一体となったサービスを提供するのか等を含め、当初のブランドコンセプトに合致させつつ開発する必要があります。

(4)各エージェントの中心的発地や客層等と自社のターゲットとの合致を意識したエージェントミックスを構築するとともに、エージェント側から自社ターゲットが有しているであろうニーズをフィードバックしてもらう等、単に集客のための関係だけではなく、付加価値の提供やサービス力向上に繋がるような共創関係の構築が求められます。

(5)チェックアウト後の事後評価では、事後に顧客がその体験を語りたいというニーズを吸収する仕組み、例えば自社会員組織等、コミュニティでの発言の機会を提供することや、様々なコミュニケーションを顧客と構築する仕組み作りが求められます。

(6)最後に、顧客の事後評価が望ましいものではない場合には、そのうち重要な内容について、瞬時に現場にフィードバックすることで、持続的に成長可能な組織作りを目指す必要があります。

ここで、仮に予約からチェックアウトまで、様々なシーン別の評価も可能となるような2,000項目を超える格付け等基準が機能す

るとしますと、まず現場体験のハードウエア、ソフトウエア、ヒューマンウエアのコーディネートを、より望ましいものへと昇華させることが比較的容易に可能となります。年1回ないし年2回、そのような調査を繰り返すことで、仮に格付け結果に納得ができず、格付け評価結果を外部に公表せずとも、それら調査結果の施設側へのフィードバックを通じて、課題点の認識、サービスレベルの向上に貢献できるものとなります。また格付け評価結果を公表すると決定した場合には、総合評価だけではなく、各シーン別の評価結果や、格付け評価上は考慮されないロケーションや眺望等、施設側からのアピールポイントも同時に公表することで、事前期待値が上昇すると同時に、事前準備ができた状態で実際の体験ができることから、結果的に事後評価を高めることに繋がるはずです。つまり、事後評価を引き上げる事前情報の提供及び格付け評価の結果自体が当該施設に対するブランディングとして機能するため、格付け等制度は、前掲「サプライチェーン」上の課題点の多くを解決しうる重要な機能を担うことができるのです。

　前章で様々な国のホテル格付け制度をご紹介しました。格付けを導入している国では、観光産業育成の為、その他様々な目的の為に、格付け等の制度を採用している訳ですが、純粋に顧客視点に基づき基準を構成している国は少ないと言えます。例えばインドのように、文化的、歴史的資産を応用したホテルについては、別のスターカテゴリーを用意しているケースも見られますが、徹底して顧客視点を追求しますと、究極的にはホテルの顧客配慮レベルの高低が基準最上位に来ます。また、品質認証と格付けについても整理が必要です。本来、品質認証は「分類」を意味しており、ある商品、製品、サービスの「品質」を定義した上で、それをクリアしたものについて「御

墨付」を与えるものです。通常は100点か0点となりますが、ホテルの場合、顧客配慮のレベルが顧客側の求める重要な情報となりますので、どうしてもそこには100点か0点ではなく、そのレベル格差が生じます。つまり、必然的にランキングを意味する格付け的性格を帯びてしまいます。

　世界の格付け制度や、導入されている格付け基準等を実績情報として参考にしつつ、増加の一途をたどっている個人客（FIT市場）を背景とするホテル・格付け等基準を構成する場合、意識すべき考え及びベースとなる基準の概要を整理しますと、おおむね以下の通りとなります。

　海外の格付け基準を見ますと、1スタークラス：生理的欲求を充足する項目、2スタークラス：高度な安全安心機能の提供、3スタークラス：社会性の提供、4スタークラス：自己承認欲求を充足するようなパーソナル・サービスの提供、5スタークラス：自己実現、審美性への欲求を充足、また基本（清潔感や快適性、安全安心の提供）ができているからこそ輝くデザイン性が求められています。4スタークラスからは、スタッフが建物に強く魂を吹き込むこと、つまりスタッフは、全体のハード、ソフト、ヒューマンの三位一体を完成させる存在であること、ラグジュアリーでは、日常の延長であり、トップクラスの人が愛用しているものを共感し提供できているかが重要とされています。トップクラスの施設で求められる「自己実現（顧客の個性を表現させる）」では、ホテルや旅館館内での「シーンメイク」がポイントとされています。そこでは1スターから4スタークラスのサービスを「フローレス」に提供できており、「環境が行動をいざなう」という「アフォーダンス」がハードウエア×ソフトウエア×ヒューマンウエアにて実践できていることが重要と

されています。

　さらにホテルや旅館という宿泊施設の社会機能についても整理しておく必要があります。審美性については時代によって社会が認める評価基準が異なります。つまり、それぞれの時代における「価値観」も異なる点に留意する必要があります。「価値観」には、人の視覚、外部刺激に対する認知力の弱さを補う力があります。逆に「サイエンス」は人の様々な機能自体を補っています。価値観は機能自体ではなく、人の判断を補うもの、つまり、その時代において「かっこいい」、「かわいい」と感じる世の中の趨勢（価値観）が人の認知や態度に影響を与え、人々の経済活動にまで影響を与えるのです。ホテルや旅館もその存在を通じて、その時代においては、どのようなものが「素敵」なのかという価値観を表明しており、文化性を帯び、社会に影響を与える存在となっているのです。

　またホテルは、1スタークラスから5スタークラスそれぞれを通じて、ターゲットとする顧客の街へのゲートウェイ機能を提供しています。どのクラスの宿泊施設が存在するかの情報は、その街がどのような顧客の周遊ルートとして存在し得るのか、目的地となるのかを事前に情報提供するものとなります。また宿泊施設は、その存在する街がどのような宿泊施設を求めているのかによって、そのカテゴリーが選択されなくてはなりません。その街にビジネスマンが多く、シングル中心のホテルが求められているのか、あるいは国内観光やインバウンド等、海外からの訪日客の宿泊機能が求められているのか、さらには、宿泊機能だけではなく、街のネットワークのハブ機能、つまり料飲部門や宴会部門が求められているのか、それらについて、現時点ではなく、将来を踏まえた視点で十分に検討し、必要な宿泊施設が開発される必要があります。つまり、格付け等情

報は、対宿泊施設利用者だけではなく、長期的視点で街の発展や地域創生の起点となる役割を担う必要があるのです。さらに格付け等調査では、客観的且つ中立に、多くの情報を宿泊施設側にフィードバックすることで、中長期的な顧客満足度の向上、収益性の向上に貢献できるものとする必要があります。さらに、格付け等のベース基準に対して、各施設がいくつでも自社スタンダード基準を追加することで、各社のブランド遵守チェックをも可能なものとする視点が今後重要と言えます。

今後求められるであろう個人消費時代における、我が国のホテル・旅館格付け等基準構成を整理しますと、顧客配慮や顧客認知、積極的且つ共感性を伴った接遇によるパーソナル・サービスを頂点とし、1スタークラスには、清潔感、基本的な安全性や安心感の確保、2スタークラスには、さらに高いレベルで求められる徹底した安全性の確保に高い機能性、3スタークラスにはさらに十分な快適性の他、充実したレストラン等、付帯サービスの提供、4スタークラスにはステイタス性の他、パーソナル・サービスの提供、5スタークラスにはシーンメイク力や高い質感、意匠性や審美性を要求すると同時に、4スタークラス以上には、高いレベルのスタッフ顧客接遇力を要求する構成が求められるはずです。

第四章
今後求められる
ホテル・旅館格付け等基準概要

第四章　今後求められるホテル・旅館格付け等基準概要

　ホテル・旅館格付け等の基準構成では、ハードウエア関連項目とソフトウエア及びヒューマンウエア関連項目が、ほぼ同等となるような基準構成が望まれます。そして、1スターから5スターに進むにつれ、ソフトウエア項目数及びヒューマンウエア項目数が増加する基準構成とすべきです。

　まず、「品質認証基準」につきましては、宿泊施設としてあるべき「品質」を的確に確認すると同時に、基本的には宿泊施設カテゴリー別に求められるべき「品質」を定義し、それに合致するかしないかを分類し整理する基準として捉えられます。ただし、宿泊施設の「品質」には、安全性や安心感、清潔感等、基本的に備えるべき評価要素の他、サービスの良し悪し、快適性の高さ等、個別施設で評価高低に大きな差異が見られます。したがって、一般的な商品等に関する品質認証で見られるように、「○」「×」ではなく、認証結果として品等間にある種のレベル間格差が生じます。「品質認証基準」では、最低限具備すべきと考えられる項目について、その品質調査結果を厳格に捉えます。一方で、「格付け基準」は、ランキングをも意味していますので、何らかの明確な基準に基づき、一貫して評価することになります。評価軸として「顧客配慮（Customer Engagement）」を頂点に据え、当該評価軸を「清潔感」「機能性」「快適性」等の評価要素に分解して、それらの評価項目につき、中立且つ客観的に第三者が実際の顧客の「代表」として調査を行うことが望ましいと言えます。また「品質認証基準」は、「顧客配慮」等のレベルを調査するわけではなく、保持してほしい「品質」を様々な観点から勘案して現地確認する作業となる他、調査結果は実際に施設側と意見のすり合わせを綿密に行う必要があります。したがって、必ずしも宿泊を伴う覆面調査である必要はなく、現地に赴き、現地

のスタッフ等との面談を含めて、目視及びインタビューより確認することで調査を行うことになります。一方で格付けは、顧客視点を貫く必要があることから、徹底した覆面調査が重視されることになります。調査項目数に関しても、「顧客配慮」のレベルを様々な要素に分解し綿密に調査を行うため、「あるべき」品質の確認となる品質認証基準と比べて、「格付け基準数」＞「品質認証基準数」となります。

　安全性の確認では、「品質認証」が優れていると言えます。一方で顧客視点の有無や顧客配慮のレベルチェックでは、「格付け」がより信頼性の高い情報を提供することができます。両内容の併用あるいは、「格付け」制度の中で一部「品質認証」を取り込む工夫が求められます。

　以下、顧客視点の有無や顧客配慮のレベルを主軸とする格付け等基準に基づくスターカテゴリーを整理してみます。

　1スターは、清潔感や安心感、安全性を、2スターから、高い機能性を、3スターでは、高い快適性を、4スターではパーソナル・サービスを、5スターでは、顧客に対するシーンメイク力を重視すべきです。1スターから3スターは、宿泊施設から顧客に対する「1wayサービス」が中心となります。宿泊施設として、その安全性や快適性の提供を重視しており、顧客からの情報のフィードバック等、顧客接遇場面をそれ程重視していません。4スターから5スターでは、さらに高い快適性を始め、顧客のシーンを彩る為のデザイン性をも含めた「2wayサービス」、つまりサービスを提供するだけではなく、その結果である顧客側からのフィードバックやフォローも丁寧に提供されているかを調査することになります。例えば電話対応や、細部に渡って清潔感が確保された環境で、皺のないダブルクロスの

テーブルでの食事や、そこでの顧客とホールスタッフとの会話の内容を確認する等、スタッフのアピアランスや所作、接遇内容を慎重に調査を行うことになります。

また1スターから5スターに分け、それぞれの項目数の変化を見ますと、1スタークラスから5スタークラスに移行する程、サービスやヒューマンウエアに関する調査項目が増加していきます。

日本的「おもてなし」を重視する結果、サービス、スタッフ接遇力を合計したソフト面の調査項目数とハード面の調査項目数とをほぼ同数とすべきと考えられます。また、各項目のポイント数に「重み付け」を設けず（1ポイントではなく4ポイントとする等、重要度に応じてポイント数に変化を付けることをせず）、顧客視点から重要と判断される項目、例えばバスルームの清潔感については、細部に至るまで調査項目数を増やすことで評価に反映し、その結果を宿泊施設側へフィードバックすることを通じて、生産性の向上に貢献させることができます。

調査に当たっては、調査員の主観が介在する危険性もありますが、例えば意匠性の有無では、デザインの良さ、材質の良さ、使い易さ等が具備されていることを要求する等、主観に関連する調査項目に対しては、三つ以上の確認事項を要求する等の工夫が求められます。

ホテル・旅館は様々な機能を提供していることから、様々なカテゴリー（ビジネスホテル、シティホテル、リゾートホテル、ラグジュアリーホテル、高級小規模旅館、大規模旅館等）が考えられますが、宿泊施設が有する顧客配慮のレベルを評価の軸に据えることで、様々なカテゴリーを統合して評価できる格付け等基準とすることも可能です。

また、格付け等制度は、その国の歴史的・文化的背景を反映する

ことで、意味のある制度へと昇華させることができます。日本の優れた「おもてなし」に関する哲学に沿った内容であるべきとも言えます。例えば「清潔感」は単に表面上の問題ではなく、精神的背景をも包含した概念として、非常に重視する点であること等が挙げられるのではないでしょうか。

■「5スター」カテゴリーのイメージ

　5スターのホテルイメージは、顧客の声を即座に運営へ反映できる態勢が整っており、スタッフと顧客の接点を十分に用意できているホテルと言えます。なお、格付け結果は、5スターが優れ、1スターが絶対的に劣るという意味ではありません。立地条件については、格付け基準では考慮していません。例えば1スターであっても、提供する機能性を限定することで、逆に利便性の高いホテルとなっていることがあります。格付け等情報は、宿泊施設の包括的且つ絶対的な上下関係を示すものではなく、それら施設の「顧客配慮」のレベルを示すものであり、顧客が個々の目的に照らして選択する上で、参考としうる指標となるものなのです。

　今後仮に、我が国においても宿泊施設の格付け等を本格的に高いレベルで実施する為には、基準調査は、定期的に研修を受けた調査員による覆面調査を基本とすること、3スターを超えると思われる施設に対しては、スタッフ接遇力の確認方法等について別途特別な研修を受けた者しか調査ができない仕組みとすること、さらに調査員による調査を終えた後は、内部チェック及び不明事項に関する施設へのインタビュー確認等を行い、最終的には有識者等のボードメンバーによる協議及び最終判断を通して「スター」を認定する等、

複数のステップを経る必要があります。また、このような仕組みを経ることで、単に定量的な評価というだけではなく、顧客の心理的価値をも考慮した評価システムを意識する必要があります。

　また、我が国ではホテルだけではなく、施設数ではそれ以上の旅館等が重要な機能を有しています。その旅館等については、現代的でモダンな造りの旅館から、歴史的な伝統を踏襲した旅館まで様々見られます。格付け等に当たっては、旅館基準とホテル基準を個別に判断して、利用できる基準構成及び適用に関する柔軟性が求められます。調査項目を要素別に分類することで、ホテル基準を準用する形で旅館にも同基準を適用することができ、その結果、ホテルと旅館を「顧客視点の有無や顧客配慮のレベル」で直接比較可能なものとすることができるはずです。

　1スタークラスのホテルから5スタークラスのホテル調査においては、それぞれの顧客視点を貫き、調査する必要があり、それらクラス別全ての顧客視点を基準に的確に織り込むことが求められます。

　各スターカテゴリーをクリアする為に必要なポイント数については、弊社で実施した顧客ニーズ調査結果を参考例にしますと、以下の通りです。全基準全てをクリアした場合を100点として、1スターで約17点、2スターで約34点、3スターで約50点、4スターで約67点、5スターで約84点が必要クリア得点となります。また、各スター間には相当なレベル格差が見込まれることから、それぞれのスターの間には適宜プレミアムクラスを設けるべきと考えられます。

　さらに、例えば1スターで要求される安全性や清潔感が弱いものの、3スタークラスで求められるシーンを多く提供することでポイ

ント加算され、不当にレベルの高い評価が得られるようなことがないよう、最終的な評価決定には、例えば該当スターカテゴリーに関連する基準数の55％相当数以上をクリアしている必要があるものとし、それに満たない場合には、ランクを一つ落とした評価決定を行うという２段階の評価プロセスも検討すべきと言えます。

シーン別では、予約電話の対応からチェックアウトまで様々なシーンに分け、シーン別に顧客が有する事前期待値の大きさに比例した基準構成を設けるべきです。例えば弊社の調査した事前期待値と基準構成バランスを反映した弊社基準を例示すれば以下の通りとなります（図表例では「スター」ではなく「ダイヤモンド」と表記しています）。

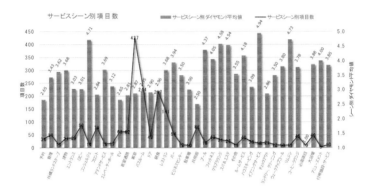

サービス要素別では、上に例示したようなスターカテゴリー定義に基づき、シーン別に快適性項目、丁寧さ項目、機能性項目、清潔感項目、共感性項目、安心安全項目、海外対応項目、必須項目等に分類し、また要素別スター評価平均値では、前記スターカテゴリー別に重視される要素を踏まえ、意匠性を頂点とし、共感性、積極性、

地域文化性、顧客配慮等を上位評価、その他情報提供、快適性、海外対応、業務専念、丁寧さ、環境配慮、機能性、安心安全、清潔感、正確性、維持管理、プライバシーというような要素別評価の序列を考慮すべきと考えられます。

　個人旅行市場が拡大する外部環境にあっては、ライフスタイル型ホテル等、ターゲットをより明確化するブランディングを実践するホテルが増加傾向にあります。それらホテルで用意されるシーンは、ターゲット顧客のニーズに沿った内容となり、様々なシーンを広く浅く提供するのではなく、限定しつつもより深い提供がなされています。その場合でも、提供されるシーン別内容を十分に評価に考慮し、前記スターカテゴリー別の格付けが的確に実践できるよう、基準構成では十分な柔軟性が求められます。

■現在の日本で求められる基準像と安心感に関する品質認証「サクラクオリティ」

　以下では、世界のホテル格付け等の制度や現在我が国を取り巻く外部環境等を鑑み、現時点で最善と考えられる格付け等制度について、以下整理してみたいと思います。

　現在、一般社団法人観光品質認証協会（私が統括理事を務めております）と「観光圏整備法」に基づく全国観光圏推進協議会との共同プロジェクトである宿泊施設品質認証「サクラクオリティ」では、「安全性」と「安心感」を重視しつつ、基準を構成する品質認証プログラムを開発し導入を進めております。

「サクラクオリティ」では、「安全性」に関しては0か100のいずれかであり、建物や設備等、また運営に関する遵法性がすべてクリ

アされていないと、そもそも本プロジェクトに参加ができません。次に「安心感」についてです。「サクラクオリティ」では、まず前提として「安全性」について、遵法性という観点でフィルターをかけつつ、次の段階で、「安心感」に着目し宿泊施設調査を行います。「安心感」とは、顧客が感じる認知レベルでの議論となり、その感じるレベルに応じて連想する感情に変化が生じることになります。そしてその結果、「安心感」の高低というレベルに応じた概念的な階層が生じ、「サクラクオリティ」では、それら「安心感」のレベルに応じた品質認証を提供する仕組みを採用しています。

　具体的に、弊社が調査したアンケート調査結果をご紹介しましょう（全国男女400名に対するインターネットアンケート調査）。調査では、「安心感」のレベルに応じて連想するであろう概念として「清潔感」、「快適性」、「顧客配慮」、「サービスの積極性・共感性」を仮に設け、それら概念間の関連性を調べてみました。その結果、「安心感」を感じるためには高い「清潔感」が求められ、また高い「安心感」を感じると、「快適性」を感じる、また高い「快適性」を感じると「顧客配慮」を感じ、さらに高い「顧客配慮」を感じると、「積極的且つ共感性を伴った顧客関与」を感じるという序列が見られました。

「サクラクオリティ」では、「安心感」をベースとした概念的な階層を、サクラ数により整理したものであり、「安全性」を担保した上で、総合的且つ包括的に「安心感」を階層として表現した品質認証プログラムなのです。世界で見られる多くのホテル格付けが、1スターから5スターに対して個別に与えられた定義に沿って序列化されたものである一方で、今こそ重要な視点とはそれらとは異なり、「安心感」こそが、高度な接遇力に繋がる非常に重要な概念であり、

「安心感」に関する品質認証を徹底して行うことで、顧客に対する情報源のみならず、人の命を預かる宿泊業として、運営上非常に重要な視点ともなるのです。

「安全性」の担保、「安心感」のレベルに関する情報については、清潔感を含めた正確な情報が、特にOTA中心の市場環境において、十分に提供できておらず、また自己申請に基づく「受託型」品質認証であれば、参加意欲のある施設に対する調査が可能となることから、調査員と施設側との相互協力のもと、徹底した安全性、安心感のチェックが可能となります。つまり、今の外部環境で求められている情報インフラについては、「受託型」「品質認証制度」が最も適切であるものと考えられます。

■DMO等との共同プロジェクトとする意義

首都圏等以外の地方都市部での外国人延べ宿泊者数割合が全体の40％を超え、豊富な観光素材を有する地方都市へとインバウンド市場が全国に波及する中、それら品質認証は、全国の日本版DMO等と一体となり機能することで、大きな効果が期待できます。

現在全国13の観光圏との共同プロジェクトとして進めております品質認証制度である「サクラクオリティ」では、清潔感から安心感、快適性までを対象とするフェーズⅠ調査と、顧客配慮、積極的顧客関与や顧客視点にたった共感性を対象とするフェーズⅡ調査に分かれています。これらの情報を観光圏、今後は日本版DMO等と共同で広める意義とはどのようなものなのでしょう。

以前弊社で宿泊するホテルを決める際に用いる判断基準を調査したことがありました（全国200名男女に対するインターネットア

ンケート調査)。その際、最も重視されていた情報が「立地」で全体の69.5％、次いで「口コミ」が38％、「レビュー評価」が36.5％と、この３つの要素が大きな影響を与えている様子が窺えました（その他では、「過去の経験」が28.5％、「ホテルブランド」が6.5％、「その他」が3％という結果でした）。おそらくその傾向は、国内だけではなく、インバウンド市場も同様であろうと予想されます。海外からの観光客は、FIT中心且つ直接予約が増加しており、その際重視する情報では、上記国内でのアンケート調査結果同様、格付け情報というより、インターネットの「口コミ」等を使用する傾向が強く認められるはずなのです。別の弊社調査では、仮にホテル旅館「格付け」情報があれば「是非とも参考にしたい」と思う人の割合が全体の20％、「たまに参考にしたい」が38％に過ぎないという結果でした（全国男女200名に対するインターネットアンケート調査）。是非とも参考にしたい人の割合は20％であり、上記施設選択上の判断基準調査で見られた「口コミ」を重視する人の割合38％であることを見ますと、様々な情報が瞬時に取得できる現在の情報社会の中、いわゆる「格付け」情報はその機能を低下させている様子が窺えます。

　また、施設選択判断基準で「立地」が69.5％である点にも注目が必要です。つまり、どのような地域に所在し且つどのようなアクセシビリティを有する施設なのかが最も重視されており、地域性が施設選択上最初に着目されている点です。DMO等が着地型観光の視点で豊富で魅力的な地域観光素材に関する正確な情報を発信していく意義がここにあり、また周遊型ではなく、滞在型観光に繋げるために、是非とも同時に宿泊施設に関する情報を提供していく必要があるのです。

一方で、「安全性」や「安心感」、「清潔感」に関する情報はどうでしょう。選択上は、地域性が重視され、その中で滞在型観光をDMO等が機能し集客できたとしましょう。その際に求められている情報にはどのようなものが求められているのでしょか。

ここでも弊社による調査結果をご紹介しましょう。もし信頼できる第三者調査に基づく情報があれば、情報発信上重視してほしい内容を調べた結果、「客室の快適性」が「特に重視してほしい」及び「重視してほしい」と回答した人の合計割合で92.2％と最も高く、費用対効果（同89.8％）を除くと、次いで「清掃力、維持管理力、清潔感の有無」が同87.3％、「スタッフのサービス力等人的要素」が同86.1％、「ホテルの提供サービスの質と量」が同80.1％、「滞在時の安心感」が同76.5％、「滞在時の安全性」が同75.9％と非常に高いという結果でした。このように、選択時においては、地域性等ロケーション要素や口コミ、レビュー評価が大変重視され、その他情報ニーズとしては、それら口コミやレビュー評価だけでは不足感のある「客室の快適性」や「清掃力、維持管理力、清潔感の有無」、また「滞在時の安心感」、「滞在時の安全性」に関する情報が強く求められているのです。

観光圏との共同プロジェクトとして進めております「サクラクオリティ」では、「安全性」に関しては、関連法令の遵守を確認の上、次いで「安心感」に関する調査に進みます。弊社の顧客調査の結果、「安心感」についてはその高低に応じて感じ取る施設に対する印象に序列が見られること、また「安心感」に関してより正確な情報が求められていることから、調査結果に応じて認証評価を大きく5階層に分け、十分な清潔感があれば1サクラ、十分な安心感あれば2サクラ、十分な快適性があれば3サクラ、顧客配慮があれば4サ

クラ、積極的且つ共感性ある顧客関与があれば5サクラとして認証しています。それら個々の概念は、2サクラが重視する「安心感」の高低に応じて、調査の結果顧客が連想する概念を採用しています。

この「サクラクオリティ」については、大きく2つの効果が期待できます。一つは、DMO等と一体とした取り組みであることから、「安心」できる宿泊施設を同時に情報発信することが「DMO等地域のブランディング」に繋がる点です。ホテルが掲げるコンセプトのうち、「安心」に対して顧客から高い共感が見込まれることが判明しています（ホテルのコンセプト27事例を掲げ、ホテルカテゴリー別にいずれのコンセプトに共感するかを調査したもの、弊社による全国200名男女に対するインターネットアンケート調査）。ビジネスホテル、シティホテルでは、「安心」が最も多くの共感を集めていました。ビジネスホテルでは「安心」に60.5％の顧客が共感を示しており、シティホテルでは62.5％、リゾートホテルでは「癒し」83％、「美」73.5％、「楽しさ」75％、「朝食」70％について、「安心」が68.5％という結果でした。このように「安心」できること、「安心感」が宿泊施設として強力に共感されるコンセプトであることであり、印象に残るブランディングに繋がりやすく、それら「安心感」に関するサクラマークを伴うDMO等による地域情報は、ロケーションから選択する顧客層にとって、どのような安心できる宿泊施設が存するのか、その情報自体が、当該地域を印象に残し、且つ行動に繋げるブランディングに貢献することが期待できるのです。

■現宿泊施設に対する情報フィードバック機能

「サクラクオリティ」では、「安全性」に関しては、関連法令の遵

守を確認の上、次いで「安心感」に関する調査に進みます。弊社の顧客調査の結果、「安心感」についてはその高低に応じて感じ取る施設に対する印象に序列が見られること、また「安心感」に関してより正確な情報が求められていることから、調査結果に応じて認証評価を大きく5階層に分け、十分な清潔感があれば1サクラ、十分な安心感あれば2サクラ、十分な快適性があれば3サクラ、顧客配慮があれば4サクラ、積極的且つ共感性ある顧客関与があれば5サクラとして認証しています。それら個々の概念は、2サクラが重視する「安心感」の高低に応じて、調査の結果顧客が連想する概念を採用しています。この調査結果は、施設側にフィードバックされることになります。フェーズⅠ調査では、清潔感や安心感に関する調査が中心となっており、施設側にとっての基礎的情報のフィードバックが行われます。また3.5サクラ以上がフェーズⅠ調査で期待できる場合には、フェーズⅡ調査の申請が可能となり、そこでは徹底した覆面調査員による宿泊施設調査が行われます。

このフェーズⅡ調査結果のフィードバックは、2,130項目を超える情報をフィードバックすることになります。ここでは、現在がどの「安心感」レベルなのか、また様々なシーン別での課題点や仮にそれらを解決できた場合、どのような効果が期待できるのかという情報を含みます。その結果、施設の生産性向上を支えることができる情報のフィードバックを行います。

フェーズⅡ調査で使用する基準構成ですが、予約（ホームページを含む）から、ロビー、フロント、客室等合計36シーンをハードウエア、ソフトウエア（サービスメニュー構成その他サービス内容）、ヒューマンウエア（スタッフ接遇内容）の宿泊体験を構成する3要素に分けて調査を行います。ハードウエアに関する項目は全体の

50%、ソフトウエアに関する項目は39%、ヒューマンウエアに関する項目は11%より構成されています。

　フェーズⅡ調査では、宿泊施設側のパートナーとして、シーン別での現状評価結果のみならず、要望がありデータがある場合には、競合施設との比較及び、シーン別での課題点、改善された場合の効果等、各宿泊施設に対して、本来あるべき姿を含めた情報のフォードバックを行います。その結果、サステナブルに進化し続けようとする宿泊施設をサポートするプロジェクトが、「サクラクオリティ」なのです。

　最後に、「サクラクオリティ」のミッションステートメントをご紹介します。

なぜ、日本人はサクラを特別なものとして愛するのか。サクラには、日本人の国民性や精神性が凝縮されているからでしょう。控えめなピンク色の美しさ、それは謙虚を美徳ともする多くの日本人の共感を集めます。また、日本には明確な四季があります。サクラは、厳しい冬を乗り越え、待ちわびた春が訪れたことを称えています。さらに、サクラは一つの花ではなく、まとまって壮大な美を演出し、日本人の調和を重んじる心に共鳴します。サクラの散り際であるサクラ吹雪は、美しいまま惜しまれ、その姿は潔さを、また翌年の新たな芽を準備する姿も、「故き（ふるき）を温ね（たずね）て新しきを知る」の日本人ならではの精神性を刺激しているのでしょう。

　「サクラクオリティ」では、品質認証結果を世界に向けて情報発信することはもちろんのこと、その取り組みは「宿泊施設の本質と向き合うということ」を意味しており、今と向き合い現状を把握することと同時に、明日を知り将来の道を切り開く術を考える契機となるものです。それは、種をまき、水をやり、大きな幹をしっかり

と造る上で欠くことのできない取り組みを意味し、時間を超えて顧客の心に響き続ける、美しいサクラを不変に咲かし続ける循環の仕組みなのです。サクラクオリティは、日本的な美意識や精神性を可能な限り、1サクラから3サクラまでの品質認証フェーズⅠ調査約300項目、3サクラプレミアム以上の覆面調査付き品質認証フェーズⅡ調査約2,130項目という調査基準に取り込むことで、全国にそのような価値観の共有を広げる取り組みでもあります。世界の人々をも魅了する「サクラ」を、サクラクオリティ認証を受けた宿泊施設にて体験していただく、それらすべての想いが、品質認証「サクラクオリティ」なのです。

第五章
格付け等を支える
ミステリーショッパー

第五章　格付け等を支えるミステリーショッパー

　ヨーロッパでは、「HOTREC (Hotels,Restaurants & Cafés in the European Community)」により、ヨーロッパ諸国が自国の基準を検討する場合の参考となる、ヨーロッパ共通のホテル格付け基準フレームワークが提供されています。共通点はあるものの、国ごとに異なるホテル格付け基準があるヨーロッパにおいて、ホテル格付け基準の統一化を図る取り組みとして大変注目されています。そしてこのHOTREC支援下において、ヨーロッパの統一的ホテル格付け基準を開発する為に設立された「HotelstarsUnion」によるホテル格付け基準を見てみますと、4スター以上では「ミステリーショッパー (Mystery guesting)」の実践を必須条件としています。ホテルの格付けにおいて、サービス面に対する評価が重視されるにつれて、サービスの品質を調査する「ミステリーショッパー」が一層重要な存在となっています。日本でも様々な分野において、多くのミステリーショッパーサービスが運営上活用されています。ホテルニーズに対して、調査項目のアップデートを繰り返しつつ、海外で実際に採用されているミステリーショッパーとは、一体どのような行動指針や評価基準に基づいているのでしょうか。

■ミステリーショッパーの行動指針

　ミステリーショッパーの究極の目的は、「調査対象とするホテルのサービス向上に貢献すること」として一貫しています。つまり、ホテルの「パートナー」としての視点を基礎としており、その為にできるだけ(1)フェアで且つ(2)客観的な意見を提出しています。まずは(1)フェアであることとは実際にどのように調査に取り込まれているのでしょう。ホテルのミステリーショッパーは、調査時

間が限られています。その限られたホテル滞在時間の中で、サービスの一回性に評価が左右されないよう、調査員が接したスタッフが、他の顧客に対してどのような振る舞いをしているかにも十分に留意しています。そのスタッフの「通常」の振る舞いを評価しようと観察しているのです。また、評価がフェアである為には、ホテル側に適切なサービス提供をする「チャンス」を与えます。例えば予約電話では、こちらからどのような客室タイプがあるのかと最初には聞かず、会話の主導権をホテル側に委ねます。そして調査に当たっては、過度に批判的にならず、一方でホテル寄りの寛容な評価にもならない中庸なスタンスを維持します。

次に（2）客観性の確保についてです。逆に言えば主観の排除となります。料理では美味しいかどうかだけではなく、ホテルのクラスやレストランの格式等に鑑み、顧客の事前期待通りにサービスが提供されているかを調査しています。ハードウエアに関する評価において、デザイン性の良し悪しは、主観が強く介在するため、多くは調査対象外としています。主観の排除で貫かれている視点は、評価において客観的な事実のみが重要であるという調査スタンスです。例えば、チェックアウト時のスタッフ対応の良し悪しを確認する場合には、アイコンタクトの有無や「また来てください」というコメントの有無等の客観的事実として確認できる内容を調査しています。したがってミステリーショッパーのコメント欄を見ますと、主語に「I（私）」や「We（我々）」は出てきません。「フロントスタッフの○○氏」等、ホテル側のスタッフかホテル自体がほとんどの文章の始まりであり主語となっています。このように、フェアで客観的な視点を貫くことで、ホテル側の「パートナー」として有用な情報をフィードバックできるのです。

■ミステリーショッパーの評価次元

　ミステリーショッパーによる評価基準を見てみますと、すべての調査項目はホテル側の顧客に対する積極的関与の有無、つまり「顧客エンゲージメント（Engagement）のレベルの高さ」と関連する傾向があります。これは逆に顧客側の視点から表現すれば、ハードウエアの快適性からサービスメニューの内容とその豊富さ、スタッフの顧客に対する対応、振る舞い、制服に至るまで、「顧客がそのホテルにおいてどのように扱われているのか」を評価しているからです。そしてこの「顧客エンゲージメント」を測定する為の調査項目を評価次元に分けて見てみますと、その多くは「正確性」、「予測力」、「コミットメント」、「迅速性」、「丁寧さ」、「管理力」として整理できます。「正確性」では、顧客が依頼した事項を正確に反映してサービス提供ができているか、例えばルームサービスを依頼した場合に、依頼内容を再度確認しているか等をチェックします。また「予測力」では、サービス提供の流れの中で、その顧客が何を求めているかをスタッフが事前に察知し、サービス提供しているか、例えば、2泊以上の顧客が、客室にサービス提供されているウォーターボトルを全て開けていれば、初日のハウスキーピングの際に、そっと1本多くセッティングしておく等、シームレス・サービスの提供力をチェックします。「コミットメント」では、顧客との会話の際におけるスタッフの姿勢やアイコンタクトの有無等を確認します。「迅速性」では、電話を4コール（あるいは3コール）以内に出ているかを見ます。「丁寧さ」では、例えば電話口で顧客を待たせてしまうような場合に、適切に顧客からその許可を得ているか、それと同時にお詫び及びお礼を言えているか等を確認します。「管

理力」では、特にハウスキーピングにおいて、埃のチェックは徹底して行われ、清掃の丁寧さや施設の修繕管理力に問題がないかを確認します。それら評価次元に沿って、ホテル滞在時に顧客がどのように扱われているか、逆に言えばそのホテルは顧客にどれほど積極的に関与しようとしているか（顧客エンゲージメント）を調査しているのです。

■ミステリーショッパーの潮流

　前記の評価次元は、サービス品質を測定する為に汎用モデルとして開発されたサービス品質測定モデル、SERVQUAL (Parasuraman, Zeithaml and Berry 1988) の評価次元とも整合しています。このモデルは、サービス品質を、顧客の期待に対するサービスと、実際に知覚した品質のギャップとして定義し、サービスの信頼性、有形性、反応性、保証性、共感性という五つの視点から評価しようとするものです。この五つの評価次元と先の評価次元を対比しますと、信頼性（正確性）、有形性（管理力）、反応性（迅速性）、保証性（丁寧さ、コミットメント）、共感性（予測力）となります。また顧客ニーズでは、特に4スタークラスのホテルでは、環境配慮が求められる傾向があること、シティホテルに比べ、リゾートホテルでは、顧客はより厳しく評価する傾向があること等の既存研究成果も反映されているようです。このようにミステリーショッパーとは、顧客ニーズの変化に対して柔軟に対応しつつ、主観が介在しやすいサービスの評価をできるだけフェアかつ客観的に測定することを通じて、適切な情報をフィードバックするホテルの「パートナー」として進化してきたのです。

第五章　格付け等を支えるミステリーショッパー

■電話直接予約時におけるミステリーショッパーの調査視点

　ミステリーショッパーの調査項目数は優に1,000項目を超えます。その中で、今回は顧客が直接ホテルに電話をし、予約をしようとする場合の調査内容を前記六つの評価次元に沿って見てみたいと思います。まず、「丁寧さ」に関しては、電話対応時における快活な声音、また微笑みは電話口にも伝わりますので、微笑みが感じ取れる内容であるか否かを確認します。当初のスタッフから予約係に繋ぐ必要がある場合、一時的に通話を保留にするのであれば、顧客に対して事前に適切な許可を求めているか、そのことに対してきちんと謝意が伝えられているかを確認しています。電話を終える場合には、最後に改めて謝意が伝えられ、ホテル来訪時の期待感を伝えているか、例えば「お待ち申し上げております」等の言葉が最後に添えられているかも確認しています。「丁寧さ」は、言葉を発する側が思っている以上に、受け止める顧客側に伝わっていることを踏まえて、細かな視点で注意深く観察しているのです。次に「迅速性」に関しては、調査を依頼したホテル側の依頼目的や意向により基準は異なりますが、通常は3コール又は4コールのいずれかの呼び出し音までに電話応対ができているかを確認しています。また先の予約係に繋ぐ際の保留時間は30秒以内となっているかを確認します。それ以上かかるようであれば、最上位の基準である「顧客エンゲージメント」が出来ていないと評価されることになります。「予測力」は、「空気を読みつつサービス提供が出来ているか」という視点です。スタッフが、一連の顧客ニーズの文脈から顧客の理にかなった将来のニーズを予測できている、あるいは予測しようとしているかを確認しています。顧客のプロフィールや宿泊目的等から、

また必要に応じて会話の流れの中で適切な質問をし、顧客の要望を察知し確認しようとしているかも調査しています。「正確性」に関しては、予約時に客室の種類や特徴の説明、料金に関しては追加ベッド料金、朝食料金、サービス料を始め、さらなる追加オプションがあれば、その紹介を含めて正確な情報を提供できているかを確認します。会話の中でも常時顧客の要望事項を復唱して確認ができているか、さらに最後には、キャンセル及びデポジットポリシーも正確に伝えているか、確認番号や確認書類の送付等の必要性の確認が行われているか等が問われます。直接会話するのとは異なり、相手が見えない電話ですので、「正確性」ではスタッフ側のプロフェッショナルなケアが問われているのです。「管理力」に関しては、背後にノイズがあると、顧客側にストレスであるばかりではなく、正確な情報のやり取りにも支障が生じる恐れがあるので、電話保留時の背後騒音あるいは些細なノイズを含めて、クリアな環境であるかが確認されます。「コミットメント」では、顧客に対する積極的な対応の有無が確認されます。スタッフの言葉を通じて、前向きな態度が感じ取れるか、スタッフが顧客の要望を把握すれば、それに対してそのスタッフが自ら責任を持って対応しようとしているかが確認されます。併せてその際に、必要な建物及び設備に関する十分且つ明瞭な知識を有しているかも確認対象となります。さらには適切に顧客の名前を使用した会話となっているかが「コミットメント」力として確認されます。なおセントラル・リザベーションであったとしても調査内容は同じです。インターネット予約においても同様の視点に基づき調査されています。インターネットでは、「正確性」に関しては、ホテルに関する有益な情報が明確に且つ正確に伝えられ、また確認書のやり取りでは内容が正確なものであるのかが確認され

ます。「迅速性」については、予約内容の確認をストレスなく容易にできるよう設計されているか、確認書の記載内容は簡潔且つ洗練された内容となっているかを確認しています。

■ホスピタリティのプロフェッショナルと調査のプロフェッショナルとの協奏

　顧客に接することができる場面は限られています。予約対応は、顧客との限られたインターフェースの一つとして重視されるべきサービスであり、且つその後の滞在時における「顧客エンゲージメント」全体を支えるものです。不適切な対応があれば、顧客満足度全体に大きな影響を与えるという意味で、大変重要な顧客接点と言えます。したがって直接の電話予約時における対応の中にも、前記のような「正確性」、「迅速性」、「予測力」、「丁寧さ」、「コミットメント」、「背後の管理力」を通じて「顧客エンゲージメント」が丁寧に確認されているのです。

　このようにミステリーショッパーは、実際に予約のやり取りを行わないと分からない顧客側の感情やホテル側の対応内容を現場レベルで確認し、そのフェアで客観的な調査結果をホテル側にフィードバックすることを通じて、ホテルが常に、競争力を高めることができるようサポートしているのです。ヨーロッパを始めとするホテルの格付け基準でも、4スター以上のホテルでは、このようなミステリーショッパーによる調査を取り入れています。ハードウエアやサービスメニューの充実さを確認するだけでは、前記の顧客満足度に影響するであろう重要なやり取りが見過ごされてしまいます。その部分をカバーする意味においても、世界のミステリーショッパー

は活躍しているのです。前記「顧客エンゲージメント」が貫かれていることこそが、ホスピタリティマネジメントのプロフェッショナルであり、そのようなプロフェッショナルなサービスを調査するという意味で、ミステリーショッパーは高いプライドと、ホテル業界に貢献しているという意識の高さがあります。そのような高い意識とプライドが、フェアで且つ客観的な調査を支えているのです。

■ミステリーショッパー等覆面調査員が保持すべき倫理規定

　ミステリーショッパーが提供しうる機能については、おおむね以下が挙げられます。
(1)ホテル・旅館が提供しているサービス内容及びサービスレベル等、運営状況に関する正確な情報の提供（サービス力向上に貢献）
(2)個別ブランドスタンダードの遵守チェック（個別のブランディングをサポート）
(3)顧客ニーズのフィードバック（マクロ的な情報のサポート）
(4)競合ホテルと比較し、どのような状況にあるのか、ベンチマーク情報の提供
(5)ハードウエアに関する情報提供（長期的且つ総合的な観点から顧客満足度に関する情報を提供）
(6)課題点がある場合の原因に関する仮説設定及び当該仮説に関する対策の提案

　ホテルや旅館が提供する機能は、基礎となる宿泊・料飲・宴会機能の他、安全安心提供機能、地域ネットワークのハブ機能、地域の情報発信機能、歴史文化性の伝達機能等、様々であり、重要な社会的機能を提供しています。ミステリーショッパーはそれらホテルや

第五章　格付け等を支えるミステリーショッパー

旅館が提供している社会的機能を十分にサポートし、強化する役割を担うべき存在であり、専門家として適切な社会的倫理規範を有し且つ遵守する必要があります。今回は、それら機能を適切に提供する為、ホテル・旅館のミステリーショッパーが心得るべき、倫理規定（Code of ethics）について、整理したいと思います。

専門職業家と言われる職業には、組織として行動する際に、その社会的名声を守り且つ責任ある職務を遂行するために、通常「倫理規定」と言われる道徳やモラル等に関する規範（Canon）が設けられることが多いです。組織は当該組織に属する人による集団行動です。時にはモラルに反すると思われることが強要され、行ってしまう、あるいは無意識に集団行動に沿いたいというバイアスが働くことで、不適切な行動をとってしまうというケースも考えられます。このように、集団心理は組織を構成する個々人の意思決定に影響を与える可能性がある為、それらを未然に防ぎ、組織の社会的信頼を傷つけるようなことがないよう設けられるのが、明文化された倫理規定なのです。

ホテル・旅館のミステリーショッパーが有すべき倫理規定については、以下のような内容が必要と考えられます。

(1)所属するミステリーショッパー協会や組織等、さらにはホテル・旅館業界や広く社会に対して悪影響を及ぼす、あるいは専門家としての社会的信用を貶めるような行動は決して行わないこと。

倫理規定は、広範囲に機能します。例えば、照度を適切に測らず、こっそりと感覚で処理する等、適切なステップを経ずに調査を行うような場合には、規定違反となります。また、調査対象ホテル・旅館のクラスやカテゴリーに関する十分な知識を有さず、それらの調

査を担当する場合も、規定違反と言えます。

(2)専門家として適切な振る舞いをし、その他法令や契約遵守を徹底すること。

　例えば、利害関係のあるホテルや旅館の調査は担当しない、あるいは、評価結果や調査内容について、守秘義務を貫くことが該当します。また、適切なコメントの記載等がなされていない、写真等適切な状況証拠を適宜残していない、調査当日の天候、外気温、日時等を記録していない等は、専門家として責任感のある適切な振る舞いとは言えません。また、ミステリーショッパーと露骨に分かるような振る舞いを見せるのも規定違反となります。現場スタッフと不要あるいは過度なコミュニケーションを取ることも慎むべきです。さらに、自身がミステリーショッパーであるとの自己宣伝、協会（ある場合）に属することを自身に優位となるように利用すること、他者に誤解を与えるような振る舞いや言動を一切行わないこと等が要求されます。

(3)中立且つ客観的な調査を行うこと。

　人は意思決定の際に、無意識にバイアスに左右されることがあります。どのようなバイアスが社会心理学等において認められているかについて正確に把握しつつ、それら一切のバイアスを排除し、中立且つ客観的な調査を行う必要があります。地域内における対象ホテルや旅館の名声等に、判断や評価が左右されないよう留意する必要があります。

(4)調査対象となるホテルや旅館の日々の運営に悪影響を与えるよう

なマナー、振る舞いがないよう謹んで調査を行うこと。

　例えば調査時に、大きな声でクレームを伝える、他の顧客ともめるようなことが決してあってはなりません。また調査時の服装も調査対象となるホテルや旅館にふさわしい内容であるべきと言えます。

(5)ホテルや旅館に関する歴史や提供している機能、運営に関する十分な知識を有し、且つミステリーショッパーとして認定されることの意義について十分に理解し、調査基準及び調査手法に関して正確に理解するよう日々努めること。

　十分な知識なく、運営に関する調査を行うようなことがあれば、正確且つ有意義な情報をフィードバックする、あるいは中立且つ客観的で正確な調査を行うことが困難となります。ホテルや旅館が提供している機能について十分に理解し、尊ぶ気持ちを有していることを前提に、ミステリーショッパーが提供すべき機能をも正確に理解し、当該機能の提供を継続できるよう努力する意識の高さが求められます。

(6)現実に提供されているサービスを重視し、事実に即して調査すること。

　調査時に、当日は提供されていないが、通常は提供している等の説明を受けた場合、推測で評価に反映しないこと（そのような場合は、事実を適切にコメントに残すこと）、また、「Fair & Firm」、つまり、スタッフに適切なサービス提供を行うチャンスやタイミングを与えること、評価が一人のスタッフの振る舞いだけに左右されないよう留意することが求められます。

ミステリーショッパーとしての認定を継続する為には、前記のような倫理規定に関する講座を定期的に受講すること等が、仕組みの中に取り込まれ、また、不適切な振る舞いや調査が行われた際には、追試調査を行う、当該調査員のミステリーショッパー認定資格を剥奪する、その他罰則規定を用意する等、高度なインスペクションが徹底され、ミステリーショッパー提供機能を十分に担保するような仕組みが求められます。インスペクションを通じてホテルや旅館が自信をもってサービスを提供し、「顧客が満足すれば間違いなくその顧客はいつの日か戻って来てくれるはずだ」という信念を支える存在、それがミステリーショッパーであり、そのような機能を継続して提供する為の倫理規範を基礎とすべきなのです。

オータパブリケイションズの本

ピッチに立つサポーター

太田 進 著

ホテル・レストラン業界唯一の専門誌『週刊ホテルレストラン』を発行する株式会社オータパブリケイションズの代表取締役社長である太田進が、「ホスピタリティビジネス」に対する自らの哲学を執筆。
海外で1800軒のホテルを見聞、ホスピタリティ業界の40年を見続けて書き綴った「語録」の集大成!

オータパブリケイションズの本

ホテル・ダイナミクス ──個人消費時代に抑えておくべき新たなホテル力学

北村 剛史 著

ホテル経営の概念を覆した経営理論。ホテル経営者・運営者には必要不可欠な経営観点である「ホテル価値」「システム思考」「利害関係者間の意思疎通」「顧客の感情」を取り上げ、その改善策を具体的にレクチャー。経営戦略の手段・方法も状況別に紹介。

筆者プロフィール
北村剛史（きたむら・たけし）
株式会社 日本ホテルアプレイザル　取締役、専任不動産鑑定士
株式会社 ホテル格付研究所　代表取締役所長
一般社団法人　観光品質認証協会　統括理事
不動産鑑定士（日本）、MAI（米国不動産鑑定士）、CRE（米国不動産カウンセラー）
FRICS（英国ロイヤル・チャータード・サベイヤーズ協会　フェロー）
慶應義塾大学大学院システムデザインマネジメント博士後期課程単位取得退学（現研究員）

2000年不動産鑑定評価会社である㈱谷澤総合鑑定所に入社、その後「産業再生機構」に出向し店舗不動産、その他事業用不動産のデューデリジェンスを担当。2006年「㈱谷澤総合鑑定所」及び「ケン不動産投資顧問㈱」により設立されたホテル・旅館に特化した不動産鑑定評価会社「㈱日本ホテルアプレイザル」の設立メンバーとして移籍。2011年「㈱ホテル格付研究所」を設立し、同社代表取締役所長に就任、ホテル・旅館格付け基準及び品質認証基準の研究に着手。2013年文部科学省「国立青少年教育施設の組織・制度の見直し等の基本調査」委員に就任。2015年世界のホテル評価リーディングカンパニーである米国「HVS」の「HVS 香港」と提携。2016年「奈良県橿原市観光大使」就任（2019年1月末まで）、「一般社団法人観光品質認証協会」統括理事就任（2017年度以降、「観光圏整備法」に基づく全国13観光圏に対する品質認証をサポート「SAKURA QUALITY」）。2014年共著『旅館・観光ホテルの事業特性と価値判断手法研究』総合ユニコム㈱、2015年共著『事業用不動産のマーケット分析と評価』㈱清文社、㈱谷澤総合鑑定所編著、2016年著書『ホテル・ダイナミクス』㈱オータパブリケイションズ『ホテル旅館事業の[賃料算定実務資料集]』綜合ユニコム㈱。その他『週刊ホテルレストラン（HOTERES）』（オータパブリケイションズ）に連載寄稿の他、多くのセミナー、講演を行っている。

ホ　テ　ル　ア　ン　ド　リ　ョ　カ　ン　シュクハクシセツノヒンシツ
HOTEL&RYOKAN 宿泊施設の『品質』
～格付け及び品質認証のトレンドと意義～

2018年9月28日　第1刷発行

著　者　　北村剛史
発行者　　太田　進
発行所　　株式会社オータパブリケイションズ
　　　　　〒104-0061 東京都中央区銀座 4-10-16 シグマ銀座ファーストビル3階
　　　　　電話 03-6226-2380
　　　　　info@ohtapub.co.jp
　　　　　http://www.ohtapub.co.jp　　http://www.hoteresonline.com
印刷・製本　富士美術印刷株式会社

©Takeshi Kitamura 2018 Printed in Japan
落丁・乱丁本はお取替えいたします。
ISBN = 978-4-903721-76-7　C3034
定価はカバーに表示してあります。

〈禁無断転訳載〉
本書の一部または全部の複写・複製・転訳載・磁気媒体・CD-ROMへの入力等を禁じます。
これらの承諾については、電話 03-6226-2380　まで照会ください。